18歳の夏、甲子園歴代最多の通算13本塁打目を放った金属バット。
栄光の象徴として、甲子園歴史館に飾られていたが、
2016年の事件を境に撤去された。
32年ぶりの再会を果たした清原和博は何を思うのか。

Toshihiro Kitagawa

バットを握った瞬間、身震いしました。
バットは身体の一部です。
犯罪を犯し、甲子園歴史館から撤去された時、
心が痛み苦しかったです。
あの甲子園で人生が変わりました。

清原和博　告白

目次

序　「告白」の始まり

車の中を沈黙が支配していた。

運転手が出すウインカーの「カッ、チッ、カッ、チッ」という音が妙にはっきりと聞こえていた。窓ガラス越しに流れていく都心の景色をぼんやりと眺めながら、私たち3人は押し黙っていた。

あえて話さないのではない。言葉が出てこない。そういう類の沈黙だった。


2017年5月、初夏を思わせる陽射しの強い日に、私は、Number編集長・松井一晃、次長・薦田岳史とともに清原和博氏に会った。

覚醒剤取締法違反で逮捕された後、初めてのインタビューであり、私にとっては電話で話したことがあるだけで、清原氏と顔を合わせて話すこと自体が初めてだった。

都内ホテルの一室。

ほぼ約束の時間ぴったりにドアが開いた。黒いスポーツウエアに身を包んだ巨体が入ってきた。清原氏だった。ただ、私がこれまでに描いていたイメージと目の前にいる人物とは大きく異なって見えたし、明らかに様子がおかしかった。

入ってくるなり、そわそわと室内を見渡すと、松井や私が着ていた黒いスーツを見て、威嚇するようにこう言った。

「捜査員みたいですね。なんか……、取り調べみたいですね」

私たちは一瞬、身を固くしたが、よく見ると、清原氏の手は小刻みに震えていた。決して我々と視線を合わせなかった。キョロキョロと宙へ逃げる、その瞳が怯えていた。

目の前にいたのは、私たちの知っている清原和博ではなかった。変わり果てた、英雄の〝抜け殻〟だった。

その衝撃はインタビューが進むにつれて、イメージとの落差を浮き彫りにし、さらに深く我々を打ちのめした。

私たちはどこかで美しい物語を期待していたのかもしれない。

記憶の中にある清原和博は、甲子園の決勝戦でホームランを放ち、プロ野球の日本シリーズで勝負を決める一打を放ち、多くの人が願えば願うほど、それをバット1本でかなえる打者だった。たとえ抑えられても、怪我をしても、必ず最後には白球がスタンドに弾んだ。今だって……。

現実はそんなに甘いものじゃないと頭ではわかっていながら、やはり、心のどこかで望み通りの結末を期待していたのかもしれない。ヒーローは必ず立ち上がる。清原は今も清原である、と。

あの日、ホテルの一室で我々が向かい合った現実は、そういう妄想を一瞬でぶち壊した。

人をここまで変えてしまうものとは何なのか。

その闇の深さが、底知れなさが、我々から言葉を失わせた。

インタビューを終え、編集部へと戻るまでの車内。相変わらず、沈黙は続いていた。私も頭の中は真っ白だった。

ただ、呆然として空っぽになった空間のその片隅に、ひとつだけ引っかかっている言葉があった。

「自分の人生を振り返って、どこからおかしくなったのかとか、狂い始めたんだろうとか。苦しかったですね……」

インタビューの中で、清原氏はたしかにそう言った。

全てを失い、「114番」という番号で呼ばれていた留置場で冷たい天井を見つめながら、そう自問し続けていたのだという。

かつての英雄を別人に堕(お)としたのは覚醒剤だ。アンフェタミン系の精神刺激薬。白い粉末や結晶という形のある、目に見える、現実に存在する物質だ。

だが、それに手を伸ばした心の病巣には実体がない。清原氏の胸のうち深くに潜んでいるものが何か、いつ芽生え、いつから蠢(うごめ)き出したのか、本人すらわかっていない。

それを探す。

沈黙の車内で、３人がほとんど同じことを考えていた。
それが、１年にわたる「告白」の始まりだった。

２０１８年５月某日　鈴木忠平

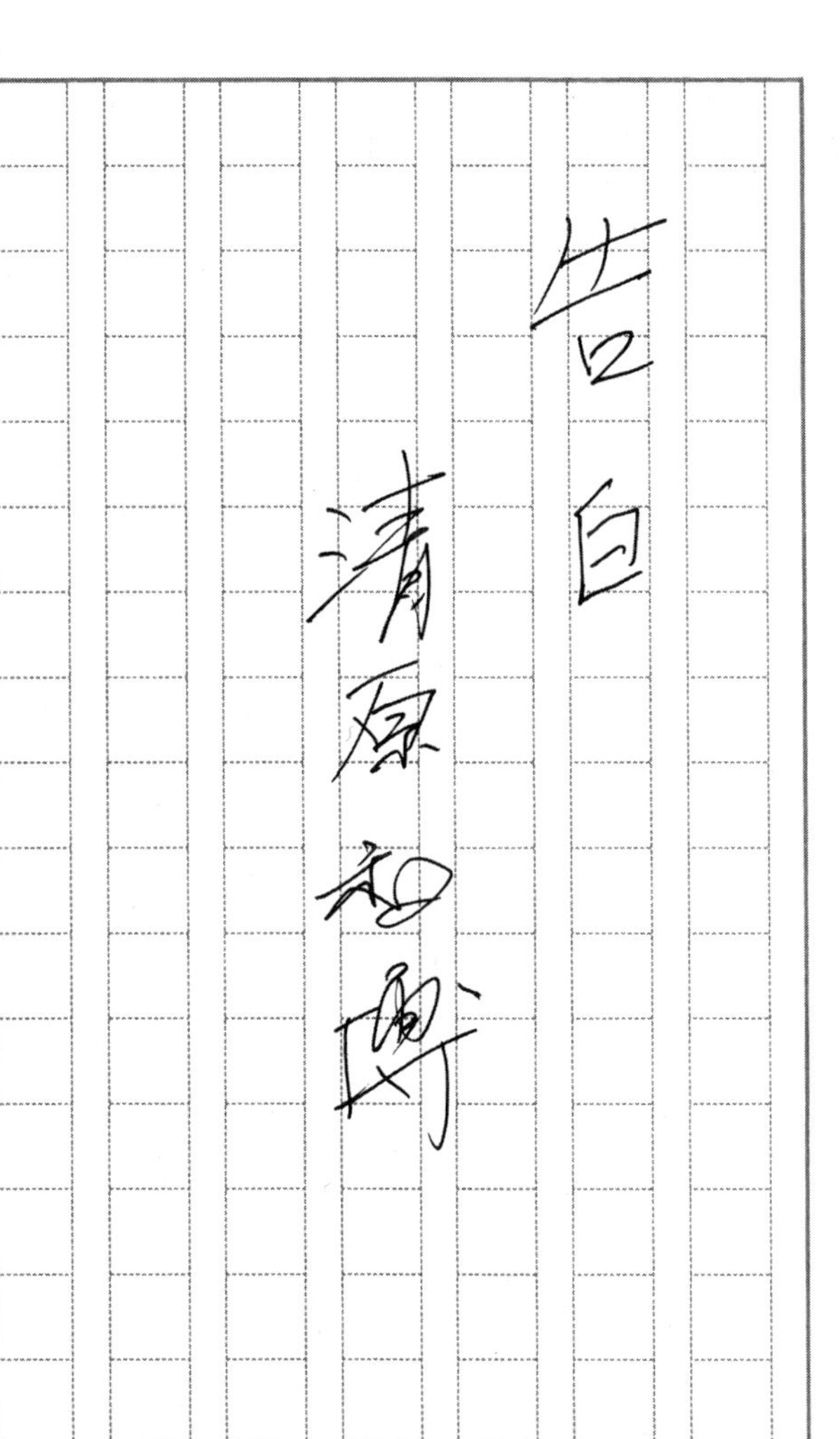
告白
清原和博

告白1　岸和田の少年

都内の喧騒から少し離れた白い壁の店、そこに清原和博氏はやってきた。

人生を振り返る。

言葉にするのは容易だが、現状は簡単ではない。薬物依存症との戦いに加えて、鬱病、糖尿病も抱えている。何より全ての過去を、執行猶予中の現在と照らし合わせてしまう可能性がある。そうなれば、その度に後悔と向き合わなければならない。

だからだろうか、話し始める前の表情は曇っていた。

「どこまで思い出せるか……。正直、あんまり覚えていないことも多いんです……」

それでも顔をしかめながら、記憶の糸を手繰る。自らの心を巡る旅は、まだ白球もバットも手にしていない少年時代から始まった。

＊＊＊

小学校に入ったばかりの頃からの記憶しかないんですが、子供の頃のことで覚えているのはとにかく他の子よりも体が大きくて、そのエネルギーを持て余して、いつもイタズラをしていたということです。

例えば、僕は授業中にじっとしていられないんで先生に「トイレ」と言って学校の中を探検に行くんですけど、そのうち友達もそれをやるようになって。2人、3人、4人と順番に「トイレ」、「トイレ」って言い出して、最後には授業中にトイレに行くことが禁止になってしまい、お漏らしする生徒が出てきてしまったんです。

校庭でボール遊びをしていた時には、ボールを拾いに行って、その先にブランコに乗っている奴がおるのを気付かずに走っていって、ブランコにそのまま激突して、額が割れて血まみれになったんです。ちょうど、その時、プロレスが人気で（アブドーラ・ザ・）ブッチャーの真似が流行っていて、僕は額から血が出たので「ブッチャーだ、ブッチャーだ」と言って、みんなを追いかけまわしました。

野球はまだほとんどやっていませんでした。たまに学校の遊びでやるくらいで、ザリガニ釣りなど他の遊びに夢中になっていました。うちはお父さんが仕事でほとんど家にいなかったので、僕は近くに住むおじいちゃんとよく過ごしていました。覚えているのはいつも酒を飲んで、プロ野球中継を見ていたこと。当時は巨人戦しかやっていなかったので、おじいちゃんの膝の上で僕もそれを見ていました。無口な人で、ひたすら中継を見ているだけ。僕もぼーっと見ているだけ。

ただ、その中でいまだに記憶にあるのが王（貞治）さんのホームランに衝撃を受けたことと、小林（繁）さんが帽子を振り飛ばして投げる姿です。そして、たまにおじいちゃんが僕の頭の上でボソッと「和博、日本一の男になるんやぞ」って言っていたことです。その時は自分がプロ野球選手になりたいとか、全然、思っていなかったんですが、今思えば、自分でも知らないうちに巨人に憧れて、野球に惹かれていたのかな、と。

そういえば僕はよく一人で近くの河原に行っていました。そこで石を投げてツンツンツンっていくやつ……、水切りっていうんですかね。そういうことをしたり、材木を探してきて、それで石を打っていました。テレビで見ている野球の見よう見まねで。遠くに飛ばすのが楽しくて、ずっとやっていました。なんでですかね。とにかくどうやったら遠くに飛ぶか。そればっかり考えていました。

原点はいつも遠くへ、もっと遠くへ。

小学校3年生のある日、学校の帰りだったかなあ。たまたま通りかかった電柱に貼り紙がありました。「岸和田リトルが団員を募集していて、50m走と遠投のテストがある」と。学校ではドッジボールをやっても、誰も僕にかなわないし、投げ方を教わったこともないんですが、ボール投げは誰より遠くに投げられました。力を持て余していたんで、野球をやりたいというより、力試しがしたかった。学校では一番ですけど、岸和田全体ではどうなのか。自分がいる外の世界ではどうなのか。そういうことが知りたかったんです。

テストの日は両親に内緒で、おじいちゃんに連れて行ってもらいました。駆けっこもボール投げも一番でした。これでリトルリーグに入団できるわけですが、あの時、僕がうれしかったのはそういうことじゃなかったと思うんです。4年生も、5

年生もいる中で3年生が一番になったことに周りの大人たちがびっくりしていたこと。知らない人たちの前でそういうことができたっていうこと。それと岸和田で一番になれた、今までよりも広い世界で一番になれたことが嬉しかったんだと思います。

＊＊＊

河原で一人、材木を手に石を打つ。見知らぬ世界の、見知らぬ人たちを自分の力で驚かせる。少年期において記憶に残る2つの快感は、バットを握っている限り味わうことができたものだった。原点はいつも遠くへ、もっと遠くへ。それはホームランとともに歩む、その後の清原氏の人生を暗示していたようだ。

憂鬱だった表情はいざ話し始めると少しだけ晴れた。時折、こちらがより深く追想を求めると、困ったように顔をゆがめる。

「9歳のことですからねえ……、僕、もう50ですよ」

それでも少年時代のことは思い出すたび、清原氏の表情をいくらかは柔らかくした。ブッチャーのくだりではそれとわかる冗談も出た。

「その頃から痛みには鈍感でしたね。心は繊細なんですけど……」

相変わらず、それが笑みなのかどうかはわかりにくい。それでも徐々に表情が動きはじめた。そして心の原風景とも言える両親への思いに行き当たると、表情は様々な感情を含んだものに変わった。

＊＊＊

うちはお父さんが電気工事の仕事で忙しくて一日中家にいなかったですから、やんちゃな僕の怒り役はお母さんでした。学校で悪さをして家に帰ると、すぐお母さんに「あんた今日なにしたんや！」って言われる。「なんでバレてんのかな」って不思議な顔をしていると「お母さんには何でもわかるんやで」って。ずっとそれが謎で、お母さんはすごいなあと思っていました。後から知ったんですが、家から小学校がすぐ近くだったんで「○年○組の清原くん、すぐ職員室にきなさい！」って校内放送が家まで聞こえていたらしいんです。

お母さんは、僕が考えていることは何でもお見通しで、嬉しいことも、苦しいことも一緒に味わってくれるような人でした。うちは貧しかったですけど、洋裁が得意で、その内職で野球の月謝も払ってくれていました。お母さん、いつ寝ているんかなって子供ながらに思っていました。

岸和田リトルには「学校の成績が落ちないこと」という条件で入れてもらったんですが、僕は逆に練習が辛くて、逃げ出したくなった。でもそう思われたくないので、1回だけ「学校の成績が落ちてきたから野球をやめたい」って言ったことがあるんです。この時も、お母さんは僕の気持ちをお見通しで「おもちゃ買ったるから続けなさい」って……。「勉強しなさい」とは言わなかったですね。

それと、忙しい合間に、たまにお母さんがリトルの試合を見に来てくれたんですけど、その時は大概ダメでしたね。ええとこ見せようと思ってしまって……。

中学でシニアリーグを引退して、PL学園に行くまでの間、お母さんは毎晩ランニングに付き合ってくれました。近所の久米田池のまわりを長い時は20㎞。暗い中をお母さんが自転車で後ろから付いてくるから、嘘をつけない。僕はただ、ひたすら走るだけでした。「練習したら美味しいもの食べさせたるから。晩御飯いっぱい作ったるから」って言われて。お母さんが作るもの、全部好きだったんで走りましたね。とにかくいっぱい食べたかったんで。一番思い出すのは、やっぱり肉の佃煮ですかねえ……。弁当箱の中にもいつも入っていたんで。甘辛く煮たやつなんですけど、あの味がすごく印象に残っています。

無口なお父さんがくれた初めてのグローブ。

お父さんは無口な人でした。記憶にあるのは朝から晩まで顔を真っ黒にして働いていたこと。本当に無口な人なんで、野球をやりたいって言った日も「やるからにはケツ割るなよ。やり遂げえよ」という一言だけでした。それで硬式用の青いグローブを買ってくれたんです。僕にとって初めてのグローブでした。野球道具って高いですし、僕はどんどん足が大きくなるし、グローブやスパイクは消耗品なんですが、いつも1万円を超えるような一番いいのを買ってくれました。裕福ではなかったのに……。それでいて、技術的なことは一切何も言わなかったです。

お父さん、お母さんに一番感謝しているのはやっぱり野球を続けさせてくれたことです。一度、ピッチャーだった僕が大会で独り相撲のようなピッチングをして負けて、監督に「ポールからポール、１００本走れ」って言われたことがあるんです。60本目か、70本目で気が遠くなった。夏だったので脱水症状で倒れて病院に運ばれたんです。そのあと、監督さんは病院から家に帰そうとしたんですけど、それが両親にバレたら野球をやめさせられるかもわからへんと思って、僕はそのままグラウンドに戻ったんです。両親はしばらく後に聞いて、びっくりしていたみたいです。とにかく野球を始めてからはもう夢中で、他の遊びは目に入らなくなっていました。

リトル（小学生）でも、シニア（中学生）でも相変わらず遠くへ飛ばすことばかり考えてました。その代わり三振もすごいしてたらしいです。お父さんがよく見に来ていたんですが、こんな（顔の高さくらいの）高めのボール球を振っていたって。僕は引退した後、息子の少年野球をよく見に行っていたんですが、関東の保護者は野次らないんですけど、関西は野次るんですよ。僕の子供の頃なんか、高めのボール球を振って、よく三振していたから「下駄履かしたろか！　下駄履いて打て！」とか野次られていました。でも、当たったらでかかったです。ほとんど場外で、普通のスタンドインだと物足りないという感覚でした。

小学校5年生の時ですかね、初めて甲子園球場に入りました。大会の入場行進だけやらせてもらえるんですけど、初めてプロが使っている球場に入ったのが甲子園だったんで。行進の足を揃えるのに必死で、周りを見ている余裕もなかったんですけど、「これが甲子園かあ」という感じで、ただ広さと大きさに感激していました。

憧れているものが僕に近づいてきた。

初めて東京に行ったのは中学3年、シニアの全国大会でした。決勝戦は神宮球場で浜松シニアの浜崎（淳）と投げ合って負けたんですよね。ボコボコに負けた試合ではなく1点差でした。しかも盗塁、盗塁、盗塁でやられたんで。体もそんなに向こうは大きくなかったし、勝てるだろうなって勝手に思っていたんですが、僕が自滅したんです。打たれた印象はないのに、盗塁が気になって自滅してしまいました。ああ、こういう野球ってあるんだなって思いました。僕らは大阪の田舎のチームで、ただ打つだけ。ああいう総合的な野球というのを初めてされて、負けました。初めての東京で何もかも衝撃的でした。浜崎とは高校3年春の甲子園で対戦してホームランを打つんですが。

ただ、岸和田に帰ったら、またひたすら自分が遠くへ飛ばすこととか、どうやったら球が速くなるのかっていうことばっかり考えていました。そうしているうちに、どんどん世界が広がって、甲子園とか、東京とか、憧れているものが僕に近づいてきた気がします。

中学でシニアを引退した後は北海道から沖縄まで、全国の高校から誘いがきました。ササ（佐々木主浩）のいた東北高校からも来てました。その中でもお母さんが奈良出身だったんで、天理に行くつもりでした。奈良の実家に帰るたびにお母さんと天理のグラウンドに寄って練習を見ました。「お前、ここに入って甲子園行くんやで」って言われて、僕も「俺はここに入って甲子園に行く」と言っていました。

ただその頃、PL学園のスカウトの方が熱心に誘ってくれていて、最後にお父さんと二人で練習を見に行って決めようと。天理は部員が多くて1年生はグラウンドの外で球拾いだったんですが、PLは1年生も練習させてもらえていた。これが決め手でした。失礼かもしれないですが、じつは練習している選手を見て「大したことないな。これは（1年生から）いけるかもしれない」と思ったことも確かです。

ＰＬ学園に入寮する日のことはよく覚えています。初めて親元を離れるということで、玄関を出る時にすごく寂しくなった。お母さんが10円玉がたくさん入った布の袋をくれて「帰ってきたくなったら、すぐ電話しておいで」って送り出してくれました。

お父さんと二人、車で行ったんですが、お父さんは車中、ずっと無言でした。僕はいつ帰りたくなってもいいように窓の外を見て自力で家に帰るための目印を見つけていたんです。店の看板とか、交差点とか。寂しさと不安ばっかりでしたね。でも、僕は結局、あの日以来、今まで家を離れるわけですけど。お父さんとお母さんと離れるわけですけど……。あれは人生の分かれ目の一つだったと思います。

告白2　人生を変えた16の夏

岸和田の河原で一人、材木を手に石ころを打っていた少年は強豪・ＰＬ学園野球部の門をくぐった。甲子園に愛され、栄光に彩られた高校３年間の幕開け。

ただ、記憶をたどる清原氏の表情からは少年期を語る時のような無邪気さが消え、どこか陰りが見えた。子供から大人への成長過程で人生が激変した濃密な時間。栄光の数だけ一人抱えた苦悩があったことをうかがわせた。

＊＊＊

ＰＬ学園に入って最初に受けた衝撃は今も忘れられません。入学する前から寮生活が厳しいとは聞いていましたが、正直、あれほどだとは思いませんでした。

　1年生には寮生活の中で「仕事」と呼ばれる役割がありまして、先輩のために炊事、洗濯などをするんですが、グラウンドでの練習よりもこっちの方がよほど辛かったです。練習を終えると、ヘトヘトになりながら洗濯機へ走る。数が限られているので取り合いですよね。一刻も早く洗濯して、自分が〝付き人〟をしている先輩にそれを届けないと自分は眠ることができない。だから1年生同士で共感したりとか、助け合ったりとか、そういうことはなかったです。それどころか洗濯機やコンロの取り合いでよく喧嘩になっていました。

　部屋に戻れば2、3年生の先輩たちと4人部屋なので、安らげる場所はありませんでした。自分から口をきいてはいけませんでしたし「どうすれば先輩から怒られないか」ということばかり考えていました。気分転換をしようにもPL学園の敷地からは出られないですし、完全に缶詰状態。お風呂に入っても1年生は湯船に浸かってはいけない、シャンプーも使ってはいけない、バスタオルも使ってはいけない。僕は先輩たちより体が大きかったですが、いつも小さいタオルで拭いていました。

入寮の日、家を出る時にお母さんが持たせてくれた10円玉は使いたくても使えませんでした。1年生は電話もかけてはいけないことになっていたんです。脱走した1年生も何人かいました。だから僕はどうしても辛くなった時にお母さんに手紙を書いて、靴下の中に森永のキャラメルを3粒くらいずつ入れて送ってもらったんです。夜中、洗濯機をまわしている間にその靴下を履いてトイレに行きました。先輩や他の1年生がいないのを確認してドアを閉めて、靴下の中から1つずつ取り出して、薄暗いトイレで食べました。食べた後は甘い匂いで先輩にわかるといけないので、トイレの蛇口で必死に口をゆすいだのを覚えています。

大人になってから、ああいう経験が社会で役に立ったという人もいるかもしれませんが、僕は二度と戻りたくないです。自分では何もできず、自由がない。留置場もそうでしたけど、どっちも二度と嫌ですね。

そういう中で唯一、すべてを忘れられたのがグラウンドにいる時でした。練習中はあまり打球が飛ばない竹バットを使っていたんですが、小さい頃から持っていた「とにかく遠くに飛ばしたい」という気持ちはずっと僕の心の中にありました。

ただ、次第に僕が練習でホームランを打つと先輩から、いわゆる〝厳しい指導〟

ＰＬ球場にてバットとグローブを持って練習

を受けるようになりました。僕は体が大きくて目立ったからかもしれませんが、よく先輩から標的にされていました。だから（右打者にとって）打球が飛びにくいライトに打つようにしていたんです。それでも、だんだんライトにもホームランが出るようになって……。正直、わざと全力で振らないこともありました。それでも、打球は飛んでいく。打撃フォームとか気にしたこともないですし、そんな余裕はなかったです。いかに目立たないようにするかということばっかり考えていました。

今、振り返ってみれば、あの1年生の時に「打ってやろう。目立ってやろう」と力んでいたら、スイングが大振りになって結果は出なかったと思いますし、逆に目立たないように、大きいのを狙わないようにとコンパクトに振ることだけを考えていたのが後々には良かったのかもしれません。でも、あの頃はそんなことは考えられませんでした。とにかくその日一日を生きるので精一杯でしたから。

＊＊＊

閉ざされた空間での抑圧された生活は、世の中に存在する冷たい現実を少年に突きつけた。暴力、嫉妬、理不尽……。高校1年生の日々は清原氏にとっては留置場での生活を想起させるほど不自由な記憶として刻まれていた。

ただ、押しつぶされそうな内面とは裏腹に、大きな体の1年生は不思議な運を味方につけて着々とスターへの階段を上っていく。16歳の心が追いつけないほどのスピードで激変していく自分を取り巻く世界。その奇跡のようなストーリーは30年以上が経ち、執行猶予中の身となっている今、まるで別人に起こったことのように思い出されるという。

＊＊＊

グラウンドでも寮でも気が抜けない。息のつまるような生活の中、自分の人生を変えた瞬間がありました。5月に沖縄の興南高校とやった練習試合です。

僕はその日、監督から初めて試合に出させてもらって、初めてPL学園のユニホームを着たんです。背番号はなかったんですが、体が震えたのを覚えています。相手は当時の高校球界のスーパースターだった仲田幸司さんでした。1打席目はデッドボール。正直、カーブが全然見えなくて足に当たったんです。だから2打席目はとにかくストレートを打つしかないと思って振ったところにボールがちょうどきたんです。それが右中間に飛んでツーベースになった。それまで先輩たちが仲田さんを打てていなかったので、この1本がきっかけでその後、僕は夏の大会のメンバーに入れたんです。

監督がみんなを集めて一人、一人、名前を呼ぶんですが、僕は自分がメンバーに入るなんて一切考えていなかったので本当にびっくりしました。周りの反応はなかったですし、1年坊主が入るということで逆にチームメートとは距離を感じました。その場で喜ぶことはできないので、一人、自分の心の中でかみしめていました。

思えば、夢中で振ったところにボールが来るということが僕の場合はよくありました。自分でもびっくりするような巡り合わせ……。あの興南戦もそうでした。しかも毎日の練習で、ホームランになりにくいライト方向へ打っていたことで右中間に打てた。自分でも不思議でした。

1年生でPLの4番という重圧。

入学したばかりの1年生がメンバーに入って、PL学園の4番を打つということで急に取材に来るマスコミが増えました。それまで僕の周りにあった世界が、この16歳の夏でガラッと変わってしまいました。それでも僕は楽しむなんていう余裕も全くなく、とにかく自分のエラーや、自分が打てないことで上級生の夏を終わらせてしまうことだけは絶対にいけないと、それればっかり考えていました。僕ひとりが入ることによって、それまで厳しい寮生活や練習に耐えてきた3年生の方がひとり、最後の夏にメンバーから外れるわけですから。自分のせいで試合に負けたらどうしよう……という恐怖は常にありました。

そのせいか、夏の甲子園期間中は神経性の下痢になっていました。メンバーに入ったからといって特別扱いはなかったですし、褒められることもない。寮での雑用は変わらずにありましたから毎日、淡々と1年生の「仕事」をこなし、試合になったら甲子園に行く。その繰り返しでした。決勝戦の前の夜も洗濯をしていましたね……。

横浜商との決勝戦、第1打席で相手のエース三浦将明さんからホームランを打ったんですが、あれも興南戦と同じで、本当にストレート一本で無我夢中で食らいついたらホームランになっていた。そんな感じです。正直、打ったのがどんな球種なのかもわからなかったです。あとから三浦さんが投げたのがフォークだったということを知ったんですが、僕はまだフォークなんて見たこともなかったですから。しかも飛んだのが、また、ライトでしたから……。

今でも不思議なのは毎日を必死に生きている中で大事なところで突然、不思議な巡り合わせがあって、気づけば岸和田を出てPLに入ってから5カ月足らずで日本一になり、自分の周りの世界が変わっていたんです。

そして、そこからは出会った人たちによって、その世界がどんどん広がっていきました。甲子園で戦った投手やチームメート、そして桑田……。

1983年夏の決勝、横浜商の三浦将明から甲子園初本塁打を放つ

告白3　甲子園のライバル、そして桑田のこと

抑圧に耐えていた1年生は自分でも気づかないうちに全国の頂点に立っていた。だが、解放されたはずの2年生からは逆に甲子園で勝つことの難しさを突きつけられたという。3年間、春夏すべての甲子園に出場して優勝2回、準優勝2回。栄光に満ちた戦績だが、なぜか清原氏の口をついたのはライバルに敗れたことばかりだった。そして敗北を語る表情がどこか誇らしげなのが印象的だった。

＊＊＊

1年生の夏は必死でやっている中、自分でもよくわからないうちに優勝してしま

った、という感じでした。ただ、そこから甲子園で勝つことの難しさを思い知らされた気がします。2年の春も夏も決勝で負けましたから。特に2年夏の決勝、取手二高戦はよく覚えています。僕らが夏の甲子園で負けた唯一の試合でしたから。

あの年、取手二高とは甲子園の直前に茨城で練習試合をやったんですけど、確か10－0くらい（13－0）で勝ったんです。桑田（真澄）はほとんどヒットを打たれなかったと思いますし、僕もホームランを打っていた。だからあの決勝戦は僕にも、他のみんなにも「取手には勝てる」という油断があったと思うんです。それと、あの日は試合前にすごい雨が降って、一度は中止という決定が僕らのベンチまで伝わってきたんです。その後でやっぱり試合をやるということになった。僕は一度気持ちを切ってしまっていたので、切り替えが難しかった。勝負に対する立ち遅れというか、最初からボーッとしたまま試合に入ってしまったからかもしれませんが、あの試合中はずっと焦りみたいなものがありました。

（0－2で迎えた1回裏、ランナー二塁の）第1打席、僕がライトへ大きな当たりを打ったんですが、打席からは完全にポールの中だったように見えました。でもファウルと判定された。高校野球では異議を言ってはいけないので黙っているしかなかったんですが、あれが同点ホームランになっていれば、まったく違う展開になっていたと思うんです。あれは絶対にホームランだったと今でも思っています。

徹底したインコース攻めで気づいたこと。

取手二高の石田（文樹）さんの投球にも驚かされました。最初の打席でホームランのようなファウルを打った後、デッドボールをぶつけられました。その後も徹底的にインコースを攻められて僕はイライラしてしまった。こんなはずじゃないって……。それで最後はアウトコースのボール球になるスライダーに手を出してしまったんです。

茨城での練習試合の時はそういうピッチングはしてこなかったんですが……。僕はこの時、初めて配球というものを考えさせられました。石田さんは１４０㎞のストレートを持っているのに、そういう投手が最後は変化球で勝負してくる。それまでも僕の打席になると急に振りかぶって投げてくる投手はいましたけど、あれだけ対策を徹底されたのは初めてでした。改めて全国の猛者たちが自分をライバルとし

高校２年の夏の選手権大会決勝、取手二高戦では１安打に終わった

て標的にしてきているんだと思い知らされました。

結局、石田さんにはほぼそのパターンで（1安打2三振に）抑えられました。焦っているからボール球に手を出してしまう。そして、その焦りの理由を考えると、桑田をなんとか援護したいという気持ちだったような気がします。

あの試合、桑田は真夏の炎天下で連投してきたこともあって、何かいつもと違う感じがしました。そうしたら試合の途中、ボールまわしの時、球に血が付いていた。それで爪が割れているということに気がついたんです。僕と桑田は試合中、ほとんど会話をしなかったんで、その時も桑田は僕に何も言ってきませんでした。でも限界を通り越しているということは見ればわかりました。だから余計になんとかしたいという気持ちが強かったんです。

9回、4－4の同点に追いついた後、延長10回に桑田が3ランを打たれました。レフトへ飛んでいく打球とマウンドでぼう然としている桑田の姿は忘れられません。あのシーンを見て、悔しいというより衝撃でした。入学以来、公式戦も練習試合も含めて、桑田が打たれる場面をほとんど見たことがなかったので……。

あの試合に負けた後、涙が出てきました。自分の責任で負けたという思いがすごく強かった。何もできませんでしたから。それが悔しくて。僕はいつも桑田に比べれば勝利に貢献できていませんでしたから……。

1年生の夏、準決勝で池田高校を破ってから僕らは急に注目されて、「ＫＫコンビ」と呼ばれるようになったんですけど、あの池田戦でも桑田はホームランを打って完封したのに対し、僕は4三振。周りはすごい騒ぎでしたけど、僕より桑田の方が騒がれていたと思います。50音順では僕の方が先なのに、「桑田と清原のＫＫコンビ」って呼ばれていましたから。その後の決勝戦でも桑田は快投を続けて、僕はホームランを打ったといっても目立った活躍はしていなかった。あの大会の後、高校選抜に桑田だけ選ばれたこともショックでした……。だから2年の夏は余計に桑田を助けたかった。

心まで折られた三振で決めたこと。

2年生の春も夏も決勝で負けて、最上級生になった時、僕はとにかく「ここ」という場面で打てる打者になろうと思いました。高校最後の1年になるわけですから、日々、自分に「悔いはないか？　精一杯やったか？」って問いかけながら練習していました。そうやって自信をつけたんですけど、3年春の選抜でまた、それが木っ端微塵に砕かれるんですよね……。

（選抜の準決勝で）伊野商と対戦した時は取手二高戦の雰囲気と似ていて、ちょっと油断がありました。（相手のエース）渡辺智男がメガネをかけているってことで前の日から「明日、雨降ったらメガネが曇って見えないんちゃうか」って冗談を言っていましたし、（主将の）松山（秀明）なんか優勝旗をもらう練習までしていましたから。渡辺に対する研究もしていなくて、それで、いざ試合になったら度肝を抜かれました。球の質も、スピードも、伸びも見たことないような球でした。どう表現していいかわからないですが、スイングをしている途中で明らかに自分のバットがボールの下を通っているのがわかってしまう。完璧なスイングをしているのに「ああ、俺、空振りさせられる」ってわかってしまう。そういう感覚でした。

（2三振、1四球での）最後の4打席目。僕は3球三振しましたけど、あの時はもう完全に心まで折られていました。このピッチャーには手も足も出ないっていう。それまでの打席でもファウルにすらできなかったんで。対戦している中で心まで折られたのはあれが初めてでした。本当に悔しかったです。自分が最上級生で4番を打っているのに3三振なんて……。また僕は大事なところで何もできなかったわけですから……。

あの試合の後、僕はベンチで泣きました。そこで「今日から夏の決勝戦の日まで毎日300スイングしよう」って自分で決めたんです。PL学園に戻ってミーティングが終わった後、解散になっても、いてもたってもいられなかった。渡辺のボールが頭に浮かんできて、あの球を打ち返すには練習しかないって思って。その日の夜からマシンをいつもより前に出して速い球を打つ練習を始めたんです。

あの時の僕を、周りのみんながどう感じていたかわからないですけど、自分がやるべきことを決めたらやるだけ。練習の苦しさよりもそれを上回る悔しさを感じていたので不思議と辛いとは思わなかったです。考えてみると、僕が欲しかったのは技術的なものより「俺はこれだけやったんだ」という自分に対する自信だったような気がします。そして、それが3年生最後の夏につながっていったと思うんです。負けて、負けて、泣いて、泣いて。それで辛さも忘れるほど練習する。悔しさや苦しさの後にいいことがあると思うようになったのは石田さんや智男のような投手と戦って、負けたからかもしれません。

全国に名前が轟くＰＬ学園の４番打者は負けるたびに涙した。その純粋さが努力へと駆り立てる。その話を聞きながら佐々木主浩氏の清原氏に関する言葉を思い出した。

「豪快なんかじゃない。繊細で真面目だから、自分を追い込んでしまったのかも……」

敗北、努力、栄光というプロセスは、その後高校３年夏の優勝で清原氏にとって揺るぎないものになっただろう。苦しみの先に栄光がある。ライバルたちとの対決で紡がれたあまりに劇的な物語は、その後も人生の礎(いしずえ)となり、一方で後々、自身を追いつめることにもなったのだろうか……。

＊＊＊

そして、高校時代の中核を振り返っていく中で清原氏はあらためて、ある人物を常に心に留めていたと気付いたようだった。

桑田真澄。

多くの人が知る二人のストーリーだが、その関係を規定できる人がいるだろうか。本人ですら、定かなのだろうか。親友、戦友、ライバル……。尊敬、共感、劣等感……。桑田氏を語る清原氏の表情はめまぐるしく変わり、その度に他のどの思い出を語る時よりも多くの感情があふれた。

＊＊＊

僕は甲子園でたくさんのすごい投手と戦いましたが、桑田以上の選手には会ったことはありません。これは野球人生を通じて言えることです。高校時代も、僕はいつも、「果たして自分は桑田みたいな投手を打てるだろうか」と考えながら練習していました。チームの中に高校ナンバーワンのピッチャーがいる。だから他の投手を見ても本当の意味で驚くことはなかったんです。単に球の速さとかではなく、すべてを兼ね備えた投手というのは桑田がナンバーワンだと思います。打つのも、あんな小さな体で僕より飛ばしていましたし、バッティングの評価も3年生になるくらいまでは僕より高かったと思います。野球選手としての純粋なセンスや能力は本当にすごかったです。

僕らの間には信頼関係があった。

僕は中学まで自分よりすごい選手に会ったことがなかったんですが、ＰＬに入って、あいつのキャッチボールを見てすぐに「こいつにはかなわない」と思いました。そんな経験は初めてでした。チーム内にそういう選手がいたからこそ、桑田がいたからこそ自分も負けたくないと思えたし、頑張れたというのはありました。

言葉には出さなかったですけど、僕らの間には信頼関係がありました。桑田は絶対に抑えてくれる。だから僕もなんとか桑田を援護するという、常にそういう意識でした。

ただ、性格も正反対なんで二人でゆっくり話し合うという時間はなかったです。それぞれやるべきことを淡々とこなしている。あいつはまだ走っているのか、じゃあ俺はもっと打とうとか。言葉を交わさないことによる、相乗効果はあったと思います。

グラウンド以外でも桑田はとにかく一人でいるのが好きだったみたいで……。2年生になり、1年生の頃の不自由さから解放されてからは僕らはみんなでワイワイ

甲子園でホームランを放ちダイヤモンドを回った後、桑田と握手

する時間もできたんですが、桑田はそういう時でも一人、ポツンとしていました。やっぱりピッチャーはマウンドで孤独ですから、そういう時間をあいつ、わざとつくっていたのかな……。あの頃の僕からすれば桑田の考えや行動には謎が多かったですね。

ただ、大人になった今ならわかる気がします。桑田は（中村順司）監督から練習方法も一任されていたと思うんです。それで桑田なりにあの灼熱の甲子園で自分との戦いに勝つための方法を探した……。僕らは試合中にマウンドに声をかけに行くことしかできないわけですから。僕なんかファーストを守っているだけでボーッとしてきましたから。桑田が一人でいたのは、あの暑さと孤独に打ち勝つために自分なりに考えた練習方法だったんじゃないかな、と……。

桑田に対してはライバルっていう言葉がふさわしいかどうかはわかりません。ただ、常に意識していたのは確かです。1年生の頃、先輩から連帯責任でみんなが厳しい指導を受けた時に桑田はいなかった。僕は先輩からかなり厳しく指導されていたのに、あいつがやられているのは見たことがない。桑田はきっとPLに入る時、学園とそういう約束をしていたんじゃないかと思いました。「やっぱり桑田の代わりはいない。僕の代わりはいくらでもいるんだ」という気持ちにもなりました。実際にそれはその通りだったと思います。

周りの人たちは僕と桑田の仲をいろいろと言うかもしれません。でも、僕らは1年生から二人で試合に出て、先輩と口もきけない緊張の中で一緒に戦った。他の人では分かり合えないことを分かり合っていた。じゃあ、実際はどうなんだと言われれば、それはいろいろなことがありましたから……。ドラフトもあったし……。好きか嫌いかって言ったらやっぱり……。

まあでも、もうそれはいいんじゃないですかね……。高校3年間に関しては、お互いに信頼し合っていたんで。周りの人たちはいろいろと思うのかもしれないですけど、外から見る僕たちと、本人同士ではまた違うものがあったと思います。

告白4　1985年夏、最初で最後の瞬間

いつものように清原氏が白い壁の店にやってきた。いつも時間通りに来て、巨体を折り曲げながら部屋に入ってくる。この日は向かい合うと、顔色が以前より良くなっていることに気づいた。

「最近、ちょこちょこ外を歩くようになったんです」

笑った表情も前よりはそれとわかるようになってきた。浅黒く日焼けした顔に、高校時代の面影がかすかに残る。窓から差し込む夏の陽射しを受けながら、忘れられない記憶を呼び起こした。

＊＊＊

毎年、夏になると甲子園を思い出します。テレビで高校野球を見ていると、当時のことがよみがえるんです。僕の手元には当時の写真も、甲子園の土も、そういうものは何も残っていないんですけど、ああ、こうだったな……というのは夏になれば思い出せますね。

高校球児たちを見ながら本当に毎年、毎年思うのは、悔いのないようにやってもらいたいということです。人生を左右するものですから。勝つにしても負けるにしても勝敗は必ずつくものなんですけど、その中でどう悔いのないようにやるか。僕自身は悔いだらけだったんですけど、最後、3年夏の決勝戦で全部吹っ切れたというか。後悔を消し去ることができました。だから余計にそう思うんです……。

あの夏、僕たちは全国制覇する最後のチャンスにかけていました。チームには実力以上の執念というか、そういうものがありました。もちろん僕も優勝しか頭になかったんですが、心のどこかで4番として「ここぞ」というところで打てる自分になりたいということもずっと思っていました。それまでずっと勝負どころで打てなかったので……。だけど、3回戦まではホームランが1本もありませんでした。そして準々決勝の前にふと思ったんです。もう高校野球は決勝までの残り3試合しかない。そう考えたら、とにかく悔いのないようにしようと考えが整理されていく感覚でした。

（準々決勝の）高知商業戦で（5回に）中山（裕章）から打った、あのホームランは野球人生を通じて何本かの指に入る当たりでした。本当に会心の一撃でした。春の選抜では同じ高知（伊野商）の渡辺（智男）にやられていましたから、本当は渡辺とやりたかったんですけど、中山も大会ナンバーワンと言われていた。そのストレートをあそこまで飛ばせたのは自分でもなぜかはわからないんですが、あの1本を打てたことで何かが変わったと思います。自分がやってきたことに自信が持てたというか。

準決勝でも（甲西の金岡康宏から）2本打って、決勝戦で宇部商と戦う前は自分でも不思議なくらい集中できていたと思います。あの決勝戦、エースの田上（昌徳）は投げてきませんでした。試合前に発表があった時に「え？　田上じゃないの？」って驚いたのを覚えています。選抜（の2回戦）で対戦したことが印象に残っていたので。バッターというのは相手投手が真っ向から勝負して自分の一番いい球で抑えようとしているのか、それとも打たれるのを怖れてボール球を振らせにきているのか、本能的

1985年夏の甲子園準々決勝、高知商の中山裕章から140 mの特大ホームラン

にわかるんです。僕は相手がエースであれ、中継ぎであれ、ストッパーであれ、どんな投手であっても真っ向から勝負にきた相手というのは覚えています。田上は選抜でどんどん内角にストレートを投げてきた。そういう姿勢が好きでした。

そして、田上の代わりに先発した古谷（友宏）もそうでした。僕の時になると、急に深呼吸してから投げてきた。変化球を投げられたら打てなかっただろうな、という場面もありましたが、ほぼ真っすぐで勝負してきました。

僕らはそれまでほとんどリードされたことがなかったんですが、あの試合は先に1点を取られて、4回に僕が同点になるホームランを打ったんです。

そして6回にはまたリードされているところから、同点ホームランを打てました。桑田（真澄）やチームが苦しい時、追いかける立場で2度もホームランが打てたっていうのはその後の野球人生においても僕を支える自信になったような気がします。

13本のホームランというのは甲子園の記録ですが、僕が本当にホームランの気持ち良さを感じられたのは3年夏の準々決勝からの、最後の3試合だけかなと思います。1年生の時は先輩に怒られるのが怖くて、ホームランを打っても下を向いて走っていましたし、重圧もありました。

2年生からはホームランよりも、とにかく優勝しないといけなかった……。準優勝では誰も喜んでくれない。1年の夏にいきなり優勝してしまったので、ホームランどうこうよりも勝たなければいけない重圧の方がはるかに大きかったんです。

最後の最後でようやく勝負どころで打てる男になれた。

そして1年生から4番を打たせてもらっていた僕が本当に4番の仕事ができたのは3年夏のあの決勝戦だけだったように思います。桑田が点を取られるたびに自分の一振りで試合を振り出しに戻すことができた。初めて桑田を助けることができた。最後の最後でようやく勝負どころで打てる男になれたんです。

決勝戦、同点（3－3）の9回裏、2死二塁で僕はネクストバッターズサークルにいました。前の打者・松山（秀明）がフルカウントになったので、俺と勝負になったらどうしよう、という緊張もありました。ただ、よくできているな、と思ったのは最後に決めたのが松山だったこと。僕と桑田という両極端な二人をずっとまとめてきたキャプテンが決めたというところですね。

あのチームは「1年生から試合に出ている清原、桑田だけじゃなくて俺たちも目立つんだ」っていう気持ちでみんながやっていましたし、そういうことを実際に口に出していました。桑田や僕を特別扱いすることもなかったし、僕らに遠慮することもなかった。そういうチームメートを見ていて、このチームは強いなと思っていました。

サヨナラ勝ちの場面、僕はみんなと喜びながらバットを持ったままだったんですが、あとで写真を見ても、なぜ、あそこでバットを持ったままだったのか……。確かにバットはいつも大事にしていましたけど、あの場面で持っていた理由は、今考えてみてもちょっとわからないです……。それくらい無我夢中でしたし、涙が止まりませんでした。

悔しいことばかりでしたが、あの優勝でそれもすべて必要なことだったと思えました。高校時代のことは忘れてしまっていたことも多かったのですが、去年（2016年）の8月、ナンバーの特集（Number 908/909/910号「甲子園最強打者伝説」）を読んだ時にすごく思い出して……。ああ、そうだった、と……。

ＰＬ学園３年生の最後の夏を優勝で飾り、歓喜の涙

その中でも、やっぱり、あの最後の場面……。ああいう気持ちになれたのは最初で最後だったような気がします。

＊＊＊

ＰＬ時代の足跡を辿ると、あることに気づく。それは清原和博を語り継がれる甲子園のヒーローにしたのは高校３年の夏、準々決勝からの最後の３試合だということだ。このわずか３日間で５本のホームランを放った。それまで土壇場で力を発揮できなかった４番がたった72時間のうちに本当の怪物になったのだ。本人の言葉にもあったが、最初で最後となる絶頂の瞬間だった。

ただ、それゆえなのか、眩(まぶ)しすぎるあの夏を語る口調はやや重く、表情も憂鬱そうになった。部屋に入ってきた時の笑みもいつの間にか消えていた。夏の後には秋がくる。絶頂とはつまり黄昏の始まりでもある。そんなことを知った大人の表情だった。

＊＊＊

3年生の夏に優勝したあと、僕は甲子園の土を持って帰らなかったんです。卒業したらプロに行くつもりでしたし、僕の中で最高の理想は王（貞治）監督が1位指名してくれて、僕が打ってジャイアンツを優勝させるということでした。いろいろな球団が興味を持ってくれているということは耳にしていましたが、その中でもジャイアンツが絶対に指名してくれる。そうすれば伝統の阪神巨人戦でまた甲子園に戻ってこられると思っていたからです。

もしクジで外れてしまっても地元大阪の阪神か、中日でやりたいと思っていました。そうでなければ、社会人野球の日本生命にいくつもりでした。とにかくセントラル・リーグで、また甲子園で野球をやるという以外には考えていませんでした。あの頃はドラフトの裏がどうなっていて、誰がどう動いているかなんて全くわかりませんでしたし、桑田の本当の気持ちも知りませんでしたから……。

告白5　「裏切り」のドラフト

白い壁の店にやってきた清原氏が、ふと自ら話し始めた。

「ここに来るまでの道がね……。辛いんですよ。昔、子供と待ち合わせしたところとか、僕が逮捕された場所なんかを通るんです。違う道を通ったり、回り道したくなるんですけど……。やっぱり、いろいろ辛いことを思い出してしまうんですよ……」

大切なものであればあっただけ、喪失感は埋められない。日常の景色の中に突然、痛みを伴ってよみがえる。その傷が癒える日は来るのだろうか。なぜそんなことを今、口にしたのだろうか……。

もうひとつ。清原氏には毎年夏が終わり、秋の気配が漂い始めると疼く古い傷がある。最後の夏、甲子園で絶頂を味わった後に訪れた失意だ。

1985年、ドラフト会議。

その傷はやはり何年経っても、あの事件を経てもなお、清原氏の胸の奥でぱっくりと口を開けていた。

＊＊＊

ドラフトについては、普段はあんまり思い出さないんですけど、この時期が来れば……。1年に1回は必ず思い出しますね。最後の夏、甲子園が終わった後、僕たちは鳥取で行われた国体に出ました。この大会、僕は中村（順司）監督にお願いして木のバットで打たせてもらったんです。なぜかといえば当時、巨人の監督だった王（貞治）さんが甲子園の決勝でホームランを打った僕について「清原くんが木のバットで打つ姿を見てみたい」とコメントしてくれたからなんです……。

そして国体が終わった後、僕は巨人への入団希望を報道陣の前で表明しました。無口な小さい頃からおじいちゃんの膝の上で巨人戦の中継を眺めて育ちましたから。無口なおじいちゃんがたまに「和博、日本一の男になれよ」とボソッと言う言葉はずっと残っていましたし、おじいちゃんの言う「日本一の男」というのは巨人を優勝させる選手のことでした。つまり、それは子供の頃の僕にとっては王さんでした。その王さんが、僕が高校2年生になる時にジャイアンツの監督になった。そしてペナントレースで優勝できずにいる中、甲子園で優勝した僕のことを欲しがってくれている。もう完全に自分の頭の中ではでき上がってしまっていたんです。巨人は僕を1位で指名してくれる、と……。実際にスカウトの人がお父さん、お母さんにそういうことを話していましたから。

もちろん巨人に1位で入るというのは最高の理想の形であって、ドラフトでは複数球団が競合して、抽選で巨人が交渉権を取れない可能性もある。それはわかっていました。実際にお父さん、お母さんは12球団のスカウトから挨拶を受けていたので……。だから監督さんとも相談して、2通り、3通りの可能性を考えてはいました。巨人でなければ、地元阪神か中日。そうでなければ、社会人野球・日本生命に進むつもりでした。とにかくセントラル・リーグでやりたい。また甲子園でやりたい。子供の頃に一度だけ伝統の阪神巨人戦を観に行ったことがあるんです。それを体験したかったんです。甲子園で優勝した夏、土を持って帰らなかったのはそういう理由がありました。

巨人1位指名だと100%信じていた。

国体が終わった後も3年生の僕らは次の舞台に向けて後輩たちと練習していました。そんな中で一回だけ、グラウンドで桑田（真澄）と二人きりで進路の話をしたことがあったんです。桑田は僕に、はっきりと「早稲田に行く」と言い切りました。そして「キヨも巨人に入れたらいいな。俺は早稲田に行って、それから巨人に入るから、また二人で野球やろうな」という話をしたんです。それははっきりと覚えています。

ただ、後から考えて思うのは、僕はドラフトというものがどうなっているのか、その舞台裏を全然わかっていなかったということです。ドラフトが近づいてくるにつれて、ジャイアンツには即戦力の投手が必要だという報道が目立ち始めました。2年連続で優勝を逃している王監督の立場についても、書かれていたと思います。勝たなくてはいけない巨人の王監督にとって必要なのはピッチャーなんだ、と……。

あの年の即戦力投手といえば、長富（浩志＝NTT関東）さんや伊東（昭光＝本田技研）さんだったはずですけど、僕もいろいろなことを耳にしながら「そういう可能性もあるんだろうなあ……」と思いつつ、やっぱり心の底では巨人が1位で指名してくれる、と信じていました。今から思えば信じたかったのか……。いや、でも、ジャイアンツが僕を欲しがっているというのは本当でしたし、王さんが僕についてコメントしてくれたことで、自分ではそう確信していました。当日まで巨人に１位指名されるものだと１００％、信じていました。

＊＊＊

最初は憂鬱そうだった口調が、ドラフト当日の述懐へと近づくにつれて、はっきりと怒りを込めたものに変わってきた。

そこで、ひとつ疑問が湧いた。清原氏には巨人が1位指名してくれるという確証があったのではないか、ということだ。それは覚書のようなものかもしれないし、口約束の類かもしれない。でなければ「裏切られた」と言い切ることはできないはずだ。

ただ、それについて清原氏は「そういうものはなかった。でも巨人は僕を欲しが

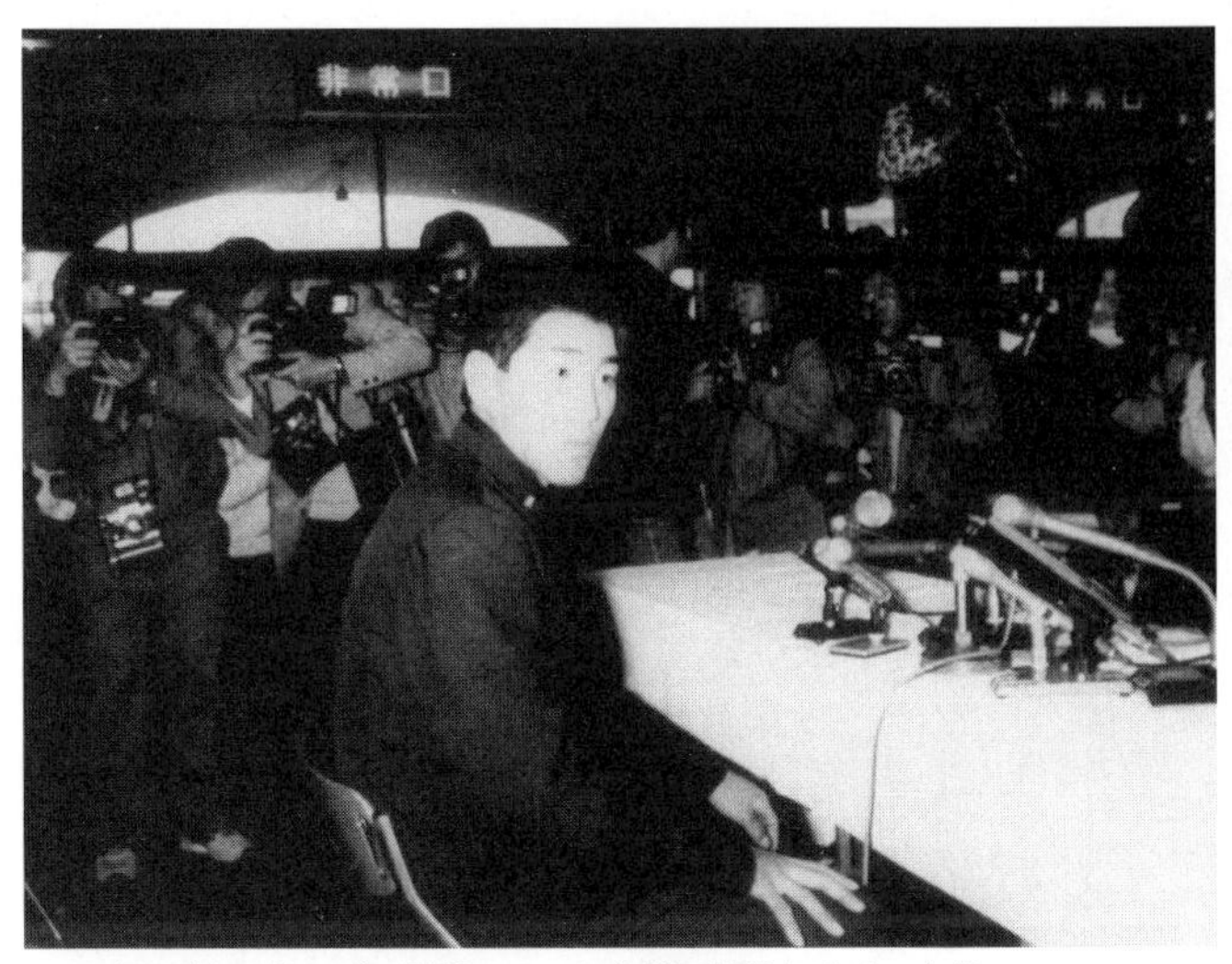

1985年11月20日、プロ野球ドラフト会議の結果を受けて会見

っていて、僕は信じていた」と、そう言うばかりなのだ。

桑田氏は巨人との「密約」の存在を否定している。巨人関係者、ＰＬ学園の関係者は詳細を語っていない。だから客観的には「裏切られた」というのは、あくまで清原氏個人の感情であるように映る。にもかかわらず、口調は確信に満ち、憎悪は30年経っても消えない。純情すぎた思いの功罪を考えずにはいられなかった。

＊＊＊

１９８５年11月20日。あの日は確か３時間目の授業中に、先生から情報が入ってきたんです。僕は６球団に指名されて、西武ライオンズが抽選で交渉権を獲得した。ただ、僕の中では巨人に指名されなかったことよりも、巨人の１位が桑田だったことで頭がいっぱいで……。「桑田、巨人の１位やぞ……」っていうささやきとかが教室の中で聞こえてきて、とにかく頭が真っ白でした。なんで、なんでって……。

その後、校長室でお父さん、お母さん、監督さんとドラフト会議の映像を見て、もうお母さんは泣いていて。それから桑田とは別の部屋で記者会見して、僕は泣いたんですが、その時は桑田に対して、どうのこうのは思わなかったんです。巨人に裏切られたという気持ちが強かったんで。あれは、そういう涙だったんです。

ただ、そのすぐ後でこう思ったんです。自分の本当の気持ちに気づいたんです。巨人は裏切った。ましてや桑田を1位にした。これが桑田じゃなければ俺はこんな感情にはならなかったはずだって……。

桑田がそんなに巨人に行きたかったなんて、当時の僕は知りませんでした。確かにグラウンドで話した時に、巨人で一緒に野球やれたらいいな、と言っていたんですが、そこまで巨人が好きとは思っていませんでした。だったら、なんで二人だけで話した時に言ってくれなかったのか……。「俺も巨人に行きたい」。はっきりとそう言ってくれていたら、僕は「そうか。じゃあ、お互いくじ引きで、恨みっこなしだ」と言えたと思うんです。桑田、何でなんだ、って……。

その後、桑田は早稲田大学への進学をキャンセルして、巨人への入団を決めました。大学へのお詫びから中村監督が坊主にしたのも僕は見ていました。あの後、周りからいろいろなことを聞きました。

ドラフトの日、野球部の仲間たちがバットを持って桑田を探したっていうこと。

これは野球部とは別の人間から聞いた話で、嘘か本当かはわからないんですけど、ドラフト直前に桑田が「巨人の1位、俺やぞ」っていうことをポロッと漏らしたとか、もう9月には桑田と巨人の間で話ができていたとか……。

ドラフトの後、桑田と会ったのは卒業式でした。会話はなかったし、僕は何かを話すつもりもありませんでした。マスコミ用に二人で握手をする写真を撮っただけです。高校3年間、僕と桑田の間には周りの人にはわからないものがあったと思います。あいつが投げれば絶対に抑えてくれると思っていましたし、今でも桑田がナンバーワンの選手だと思います。マウンドの桑田を見れば、サインがなくてもあいつが何を考えているかがわかる。1年生からずっと試合に出てきた僕らにしかわからないことだと思うんです。ただ、ドラフトの一件があって、それ以外の感情が芽生えてしまった。

そういう桑田に対するわだかまりが解け始めたのは、あのドラフトから11年後でした。僕がＦＡで巨人に行くことになったすぐ後に、桑田と初めて二人きりで食事をしたんです。その席で、もう桑田は正直に言っていました……。

ＰＬ学園の卒業式の後、メディアの求めに応じて桑田と２ショット

告白6　ドラフトの「傷」

１９８５年のドラフトでの傷は桑田真澄という特別な友との関係を大きく変えた。それは幼い頃からの憧れであった王貞治氏や、巨人への思いも同様だった。それぞれに対する感情は愛憎渦巻くがゆえに断ちがたく、野球人生を通して変遷していく。青年の夢に、人生をかけた大人の思惑が絡むプロ野球のドラフト会議。それに誰より激しく翻弄される姿は、清原氏の無邪気すぎる一面や、それゆえの脆さを映しているようにも見えた。

＊＊＊

あのドラフトから僕が桑田に抱く感情は変わってしまいました。信頼し合っていた関係から、どこか面と向き合えないというか、それを拒むというか……。

そういうものが少しずつ解消されてきたのは1996年、僕がFA（フリーエージェント）で巨人に入ることが決まった直後からだったと思います。その時期、東京のある店で、二人で初めて食事したんです。その席で、もう桑田は正直に言っていました。「肩の荷が下りた。巨人に来てくれて嬉しい」って。それを聞いて、僕も桑田の言いたいことが少しわかったような気がしました。

だから、あの時、巨人が1位で指名することを桑田は知っていたとか、知らなかったとか、そういう話はしませんでした。それは、もう……。僕としては状況証拠で桑田と巨人の間に密約ができていたのは知っていましたから。本人にはあえて聞かなかったんです。桑田もそう言ったきり、自分からドラフトの話はしなかったですね。

僕があえて聞かなかったのは、今さら真相を聞いたところで桑田を苦しめるだけやし。事実、それを聞いたところで僕にとって嫌な話を聞くわけで……。あのドラフトで何があったのか、自分ではもうわかっていますから。それを桑田本人に喋らせるほど、追い詰めてもしょうがないですから。

そして、もうひとつ。あのドラフトの後から僕はずっと巨人に対しても、あの王さんに対しても、裏切られたという気持ちを抱えながら野球をやっていたと思います。西武に入った当時は、まだフリーエージェントという制度はなかったので、いつか巨人を倒して、王さんに僕を指名しなかったことを後悔させることをひとつの目標にしていたように思います。僕のプロ野球人生は西武で始まって、西武で終わるんやと思っていましたから。

だからプロ2年目、巨人と日本シリーズを戦うことになって、第6戦、9回2死までできて、あと1アウトで日本一というところで流れてきた涙は、今から考えてみてもやっぱり、あのドラフトによるものなんです。僕はあのドラフトの日以来、王さんの写真を目の前に置いて腕立て伏せをして、西武に入る決断をして、いつか見返してやると思ってやってきましたから。プロに入ってからずっと王さんの868本のホームランを抜くことと、日本シリーズで巨人を倒すことというのが夢でしたから。

プロでも日本シリーズに出られない選手だっています。もし出られたとしても対戦相手は選べない。だからまさか、そんなに早く日本シリーズに出られて、まして巨人と対戦できて、王監督の巨人を倒せるなんて……。そう思いながら、あの瞬間だけ三塁ベンチに座っている王監督の顔が自然と見えたんです。それまでは一度も相手ベンチの様子なんて見なかったんですが、最後の最後でなぜか。そうしたら自然と涙が出てきてしまったんです……。

巨人には謝って欲しかった。

僕がプロ8年目の1993年、フリーエージェント制度ができました。その時、巨人に対してそれまでとは違った思いが芽生えてきました。世間の皆さんは、なんでドラフトの時にあんな思いまでしたのに巨人に行きたいのかという声が圧倒的に多かったと思うんです。ただ、僕としては小さい頃から抱いていた、東京へ出て巨人の4番を打つことが日本一になることだ、という思いはずっとあったので。

それでも、実際にシーズンが終わって、FA宣言すると決めた後でも巨人とは一悶着あったんです。僕としては、その……、まずはドラフトのことを謝ってもらいたいというのが第一の条件でした。そこからのテーブルだなと、思っていましたんで。巨人からすれば「10年も前のこと」なのかも知れませんけど。僕としてはあのドラフトで巨人が最初から別の選手を指名するんだ、ということであれば諦めていたと思うんですけど、巨人が僕を欲しいということを聞いていたので。だったら自分の思いと一緒だということで、信じたんです。だから、まずはそこを謝って欲しかったんです。

ただ、それは実現されませんでした。巨人の出してきた評価もとても低いもので、同じく僕を欲しいと言ってくれていた阪神の条件に比べて半分以下だったんです。そういうのもあって長引いて……。最後、僕の気持ちとしては90％くらい阪神に傾いていたんです。ただ、その時にお母さんに怒られたんですよ。「あんたの夢はなんやったん？」って。「そんなことで諦めてしまえるようなもんやったん？」って。それで僕もやっぱり自分の小さい頃からの夢を叶えたい。日本一の男になりたいということで、巨人に行くことに決めたんです。

その後も巨人という球団とはいろいろあったんですが、王さんに対しては僕が現役を引退する時に気持ちを割り切ることができました。２００８年の引退試合前に花束を渡していただいて、その時に「生まれ変わったら必ず同じチームでホームラン競争をしよう」という言葉をいただいたんです。僕はそれを聞いて、ああ、王さんも二十数年間、ずっとあの時のことを思ってくれていたのかな、と思えたんです。それで自分の中ではすべて水に流そうという気持ちになれました。

留置場で読んだ王さんの本。

だから、昨年（２０１６年）２月に事件を起こして、逮捕された後、留置場で王さんの『もっと遠くへ』という本を読んだんです。自分が最初に憧れた人ですから。それを読んで、ああ、バッティングに対する姿勢には８６８本と５２５本以上の差があるな、と痛感しましたね……。バッターボックスに入る時の気迫であるとか。すごく印象に残ったのは、王さんのホームランは、プロの僕らでも全部同じように思えるんですけど、１本たりとも同じホームランはないと書いてあったことです。８６８本、すべて違うホームランだと。それと、これは感覚的なことですけど「バットでボールを撃ち抜く感覚」というのは、僕自身は考えたこともなかったので。

特に、あれだけ投手からインコースを攻められた王さんが耳ガードなしのヘルメットを被って、命をかけてバッターボックスに入っていたというんです。命がけで18・44mの勝負をしていたと。そういう激しい言葉があの物静かで穏やかな印象の王さんから出てくるなんて想像できなかったので。

何もない留置場で、これからどうなるんだろうという不安と、なぜこうなってしまったかという後悔の中で読んだあの本の内容はすごく心に響きましたし、すべてが想像を超えるものでした。そこまで野球を、バッティングを追求していくのかっていう……。だから僕の野球に対する取り組み方は甘かったなっていうことを今さらながら、思い知らされたんです。

＊＊＊

「何であんな薬なんて、やったのかな……。ほんと、わからん……」

取材中、ふと間が空いた瞬間、清原氏がつぶやいた。

沈痛ではない。目線は前を向いていた。ただ、相変わらず心には後悔の波が押し寄せていて、それがどこからくるのかを探し続けているようだ。

それをドラフトの傷、憧れた巨人との関係と結びつけてしまう自分がいるようだ。その証拠に「起きたことはすべて必要なことだった」と、自らに言い聞かせるように、何度も繰り返すのだった。

＊＊＊

今、振り返ってみて、あのドラフトがあれでよかったのか……。正直、そう考えることもあります。でも、自分ではあれでよかったと思うようにしているんです。今回の事件もそうなんですけど……、僕の人生の中で、もしあのドラフトで巨人に指名されていたらとか、その後、FAで巨人に行っていなければ今回のような事件を起こしていなかったのではないかとか、そういうことは思わないようにしています。

そういう風に思い始めると、すべてがそうなってしまうんで……すべてが自分にとって必要なことだったんだ、と。起こったことはすべて良しとして、自分だけはそう思っていかないと、もう後悔まみれの人生になってしまうんで……。

告白7　黄金ルーキーの手帳

後々まで引きずる「傷」を負ったドラフトの後、西武ライオンズに入団した。その1年目を周りは「黄金時代」と評し、清原氏も今、「そうかもしれない」と振り返る。皮肉にも、望むものを手にできなかった直後に輝かしい日々が訪れた。

＊＊＊

ルーキーの頃のこと、よく憶えています。何でですかね……。当時はわからなかったんですが、やっぱり今から考えてみると僕の野球人生で一番充実していたのかもしれません。とにかく余計なことを考えずに無我夢中で野球をやれた1年でした。

まず憧れのプロに入ってみたら、自分の想像を超える世界があったんです。あの頃のパシフィック・リーグには個性的で、とんでもない球を投げるピッチャーがたくさんいて、そういう人たちに僕は最初、完全に子供扱いされました。例えば阪急のエース山田（久志）さんには決め球のシンカーを投げてもらえませんでした。僕の打席になると直球とカーブだけ。僕もシンカーを待ちながら、なかなか投げてくれないな、と……。高校出の青坊主に真剣になってたまるかっていうプライドを感じましたし、まだプロとして見てくれていないなとわかりました。僕は開幕した当初、レギュラーではなく守備固めの要員だったんで、どうせ人気取りで出しているんだろうっていう感じで……。

5月に山田さんから初めてホームランを打ったんですが、山田さんは全然、こたえてなかった。その後も僕が打席に入ると「出てきたな坊主」という雰囲気でシンカーはもちろん、内角にすら投げてこない。それでも打てない。ああ、こういう投手を打ってこそ本当のプロなんだな、と思わされました。ただ、打てないショックはあるんですが、同時にどこかで野球にのめり込んで、熱くなれるような。高校の時もそうだったんですが、自分が敵わないと思う相手がいる時に、僕はそういう感覚になれたんです。

オープン戦は1本もホームランを打てず、二軍に落ちる覚悟もしていました。僕の中で何かが変わり始めたのは開幕後、数試合してからです。あまり出番のないまま試合をベンチから見て、寮に帰る日々だったんですが、土、日のデーゲームの時に試合を終えて球場の駐車場に行くと他の選手たちの家族が待っているんです。その時の選手や家族の方の表情を見ていて「ああ、みんな生活がかかっているんだ」と思い知らされたんです。高校生の140㎞と、プロの投げる140㎞は背負っているもんが違うんだ、と。そこで自分もこの世界で飯を食っていくんだという意識を強く持った。そこからでした。

山田さんが初めて投げてくれたシンカー。

まず手帳をつけるようになったんです。僕は器用じゃないので2ストライクに追い込まれてからバットを短く持つという打撃はできません。配球を読む頭もなかったので、とにかくきた球を打つしかない。でも、それではやられっ放しなので、その日の4打席、5打席にどういう球がきたかを手帳につけたんです。試合が終わるとスコアラーさんから全打席の配球が書かれたチャートがくるんで、それも見ながらこの投手にはこの球でやられたとか、そういうことをメモしていました。

だんだんプロのスピードに慣れていって、9月に山田さんから2本目のホームランを打つんですが、その頃には手も足も出ないという感覚は無くなっていました。狙った球がきて、自分のスイングができれば打てるという感覚がありました。シンカーも投げてくれました。初めてシンカーがきた時、僕は真ん中のまっすぐだと思って打ちにいったんですけど、肘へのデッドボールになった。「こんなに曲がる球あるんだ」とびっくりしていたら、山田さんがマウンドから降りてきて「しっかり避(よ)けんか！」ってすごい剣幕で怒られて。僕は「すいません！」って謝ったんです。死球を当てられて、なぜ怒られるんだろうと驚きながらも、少しうれしかった。

チームで戦っているんですけど、あの頃のパ・リーグには個人対個人の対決みたいなものがありました。勝敗に関係ない場面では真っすぐ、真っすぐで、打てるもんなら打ってみろ、と投げてくる。結局、僕はそういう種類の勝負や、それが許される世界で生きていたかったんだと思うんです。

だんだんと西武やパ・リーグに自分の居場所を見つけられるようになっていって、7月にオールスターに選ばれて、初めて後楽園球場に行きました。その初打席で、ジャイアンツの外国人投手から内野安打を打ったんですが、一塁ベース上で「ああ、ここが後楽園かあ」という気持ちになったのを覚えています。ドラフトでの思いというのを久しぶりに思い出したんですけど、それよりもジャイアンツのユニホームを着た王（貞治）さんと同じ土俵に立っていることが不思議で……。パ・リーグで、西武で自分を認めてもらうのに必死だったので、悔しさや悲しさがそこまでこみ上げてきたわけではなかったんです。自分の居場所は憧れていた後楽園球場ではなく、別にあるんだという気持ちで。

＊＊＊

23年ものキャリアの中で新人時代が最も眩しかったのはなぜか。清原氏は後になってそれに気づいたという。一冊の手帳に象徴される、早すぎた黄金時代の思い出は今もなお、心の中で輝いていた。

＊＊＊

あの頃、憧れる存在は身近にたくさんいました。東尾（修）さん、工藤（公康）さん、（渡辺）久信さん、秋山（幸二）さん、片平（晋作）さん、若手、中堅、ベテランとそれぞれにその人しかできない仕事があって、対左投手専門で生きている人、代打専門の方もいました。あまり話しかけることはできなかったんで、そういう人たちの思いや過ごし方、自分の生きる道を決めて普段から行動する姿を見ていました。

また、先輩たちはグラウンドとプライベートをはっきりと線引きしていました。工藤さんは銀座、渡辺さんは六本木とか、それぞれ遊ぶ場所があって、前の晩は何しているかわからないのに、次の日になると朝から走っていたのか、僕がグラウンドに出ると、もう汗をびっしょりかいている。これがプロフェッショナルか、と。今、思えば、本当にパ・リーグの野球や西武というチームに僕は育てられて、救われていたんだと思います。

そしてプロ1年目に結果を残せた一番の理由は西武の環境がPL学園時代と似ていたからだと思います。プロに入っても寮生活でしたし、あの頃の西武は「管理野球」と言われていて、プロでありながら管理されている部分が多くて、そこがPLと似ていたんです。そうかと言ってPLの寮生活に比べたら、そこまで厳しくはないので息苦しさはありませんでした。

1本いくらになるとか考えていない時期でした。

じつは僕は1年目、ほとんど外出禁止だったんです。仙台遠征の時に佐々木（主浩＝当時、東北福祉大）と遊んで門限を破ってしまったからです。夜、ホテルの僕の部屋にマネージャーが電話をかけたんでしょうね。それで門限過ぎてもいないから、おかしいぞ、と。あの時は本当に怒られました。それで給料1カ月分の罰金を取られて、そのシーズン中は外出禁止になったんです。それがかえって、よかったのかもしれません。バットを振っているしかなかったので。

寮の門限は午後10時で、そこからこっそり出かけようにも所沢の山奥でタクシーも走っていなかった。車の免許もなかったんで、昼間外出する時も電車でした。オールスターで後楽園に行く時も西武電車で東京の中心まで出て、地下鉄は何線だったかな。そうやって乗り継いで行きました。

たまの息抜きは久信さんの車に乗せてもらって、青梅街道沿いのリンガーハットに行くことでした。そこで長崎ちゃんぽんを食べながら、ああだ、こうだと話している時間が一番楽しかったような……。東京の繁華街というのは距離的にも遠かったですし、あの頃の僕にはすごく遠い場所のような気がして行かなかったです。

あのシーズンは129試合目で優勝を決めて、翌日が最終戦でした。打率3割がかかっていた僕に、森（祇晶）監督は気をつかって「休むか？」と聞いてくれたんです。でも「休みたくないです、試合に出してください」と言って3安打しました。1本のホームランがいくらになるとか、3割を打てば、どれくらいの評価になるとか、そういうことも考えていない時期でした。（打率3割4厘、31本塁打、78打点の全てで）高卒新人の記録をつくったんですが、周りがすごい騒ぎになっても僕自身はあまり関心がなく、PLの時と同じように、チームが勝つことだけを考えてバッティングして、夢中でやっていました。だから良かったんだと思います。

それが2年目からは遊びを覚えて、油断というか、隙というか、そういうものが出てしまいました。結局、手帳をつけたのもあの1年だけだったんです。

告白8　無冠の帝王のジレンマ

清原氏が白い壁の店にやってきた。黒いTシャツに黒いジャージ。服装はいつもと変わらないが、この日は、どこか血色が良くなっているように見えた。感情の起伏が見えにくい、いつもの沈鬱で重い瞼(まぶた)ではなかった。聞けば、医師の方針で精神の浮き沈みを抑える薬を止めた影響かもしれないという。

「家族はいるんですか?」「仕事、忙しいですか?」。途端に、取材者に対しても人情味が表出する。まるで別人のように、状態次第で人格が変わる。外にはあまり出歩かず、一見すると緩やかな日々に映るが、水面下では内面の激しい戦いが続いているようだ。

＊＊＊

プロに入って最初の年、西武での1年目に高卒新人記録をつくって、僕の中には「プロでやっていける」という安心感というか、心の緩みのようなものがあったと思います。寮でも、遠征先でもあれだけバットを振っていたのに、2年目以降はサボりがちになりましたし、1年目に毎日つけていた手帳もつけなくなりました。オフにはいろいろなところに呼ばれて、ほとんど練習する時間もなく、不摂生の結果、体重は7、8kg増えていたと思います。

ただ、向上心がなくなったかというと、そういうことではなくて……。プロに入った時に誓った巨人を倒して日本一になる、王（貞治）さんのホームラン記録を抜く、という気持ちはずっと心の中にありました。だから2年目の日本シリーズで巨人と対戦し、（第6戦の）あと1アウトという場面で泣いてしまったんです。あの時、今までは全く目に入らなかったベンチの王さんの姿が見えて、ドラフトのことが頭によみがえって……。

（二塁手の）辻（発彦）さんから「お前、ボール見えるのか」と言われて、うなずきましたけど、どうしても涙が止まりませんでした。あの時、本当に打球が飛んできたら、危なかったです。それくらいの思いがあったのは確かです。

そして巨人を倒した後も、王さんのホームラン記録との勝負は自分の中で続いていました。よく周りの人は僕のバッティングは1年目が一番良かったと言います。後になって考えれば、そうかもしれないとも思いますが、その当時は、もう1ランク上のバッターになるにはどうすればいいのかと試行錯誤していたんです。100号も、200号も王さんよりも早いペースで打ちました。ただ、1年目のように目の前のことに必死になる向上心ではなく、もっと遠くへ飛ばしたいとか、誰もできないことをしたいとか、無欲とか無心とは反対の、そういう向上心だったような気がします。その中で僕のバッティングは徐々に崩れていきました。

例えば2年目、3年目と年数を重ねていく中で僕はストライクゾーンの球を全部、打とうとしていました。ゾーンの四隅を打てるバッターなんていないのに、そこを完璧に打ちたいと思うようになっていきました。僕はセンターから右への打球が多かったんですけど、引っ張った方がもっとホームランが出るんじゃないかと思ったり、秋山（幸二）さんは40発打てるのに、なんで俺は打てないんだろうと考え

1987年日本シリーズで王監督率いる巨人相手に優勝直前、涙を流す

たり、そういうことばかり頭に浮かんできて……。たまにまぐれで厳しいコースの球を打てたりする時があると、ずっとそれを追い求めてしまうんです。そのせいで普段打てる球が打てなくなったり……。その繰り返しでした。2年目からは西武の主軸としてインコースを厳しく攻められて、もっとストライクゾーンを大きくして、あの球にもこの球にも対応しないといけないと考えてしまいました。後から振り返れば、変えなくて良かったんですよね。それを自分一人で勝手に迷ってしまった……。

エースを打って、敗戦処理を打てない。

それは僕が「無冠の帝王」と呼ばれていたことと関係があるように思います。結局、23年間の野球人生でタイトルをひとつも獲れなかったんですが、西武にいた頃から、それに対するジレンマはありました。無冠の帝王とか、そういうことを言わせないためにも何が何でもタイトルが欲しい、自分に足りないのはそれだけだというくらいの気持ちでした。

でも、ダメでした。なぜかというと大差で勝っている、もしくは負けている、その試合の勝負が見えてきてしまうと、僕は打席で集中できなくなるんですよね……。0－0の緊迫した場面が100％の集中力だとしたら、30％とか40％の打席が年間でかなり多くあったんです。年間の数字を残してタイトルを獲るような選手というのは0－0の9回裏サヨナラの場面でも、8点差で負けている最終打席でも同じ集中力で打席に入っています。それが数字を残せる打者なんです。僕もそれは頭でわかっていたんですが、どうしてもそうできない。

相手投手によっても、エース級と対戦する時の集中力と、言葉は悪いですが、負け試合で登板する投手に対しての集中力では差がありました。ロッテのエース村田兆治さんには「お前、なんで俺を打って、あんな二流投手を打てないんだ！」って本気で怒られたのを覚えています。エースを打って、敗戦処理の投手を打てない。そういうことがたくさんありました。勝負どころでは自分でも信じられない力が出たんですけど、勝負がかかっていないところでは力が出なかった。ただバットを持っているだけの別人の清原でした。

＊＊＊

1986年のプロ1年目が「黄金時代」と称されることは、2年目以降に影が落ちたことを意味する。毎年30本前後の本塁打を放ち、常勝チームの4番を務めながらの緩やかな崩壊。30年以上経った今、清原氏自身がそう打ち明けた。

覚醒剤取締法違反で逮捕された後、留置場で王貞治氏の自伝『もっと遠くへ』を読んだ時に「ああ、自分の取り組みは甘かったんだな」と思い知ったという。良くも悪くも感情をエネルギーにしなければ力を発揮できない。勝敗に関係ない数字の積み重ねには奮い立つことができない。わかっていてもどうしようもないもどかしさを滲（にじ）ませながら、どこかでそれが自分という人間なんだという諦観のようなものさえ感じさせた。

＊＊＊

思えば、高校3年夏の甲子園、初戦で東海大山形に29－7で勝った時でも、僕はヒット2本くらいしか打っていないんです。チームメートには一人で7本くらい（実際は6本）打ったやつもいたのに。ただ、自分のそういう部分というのはどうやっても変えられなかったし、今となってはそれも僕の野球人生だったのかなという……。もし、もう1回、やり直したとしても、そんな感じになるんじゃないかなと思います。

だから、そういう僕がPL学園でも、西武でも、チームが強くて、常に勝つことを意識した状況でプレーできたのは幸運だったと思います。PLの中村（順司）監督には上のレベルに行っても通用する野球を教えてもらいましたし、ここは一発狙ってもいい場面だなとか、ここは塁に出ることを優先する場面だなとか、常にチームの勝利を優先に考えて打席に入ることが染み付いていました。だから森（祇晶）監督も僕には原則ノーサインで、サインらしいサインが出たことはなかったですから。

周りの人が期待したり、喜んだりするような勝負には燃えることができるんですが、そういう空気が感じられないと淡白になってしまう。これは綺麗事ではなくて、僕の持っている性分みたいなもので、どうしようもなかったんです。

そういうことを考えると、王さんは本当にすごかったんだなと思います。留置場で読んだ本の中にありましたけど、ボールを当てて弾いて終わりではなく、刀で芯まで切り進み、真っ二つにするイメージで打っていたとか、ヘルメットも防具もない時代に18・44mの間で投手と命のやり取りをする覚悟で打席に立っていたとか、1シーズン最多（当時）の55本のホームランを打ったシーズンの後でもコーチに「今まで以上にしごいてください」と頭を下げたとか。穏やかな表情の内面にある激しいものが僕とは全然、違ったんだなと思うんです。

プロ7年目、200号を超えたあたりからは、過去の王さんのペースについていけなくなりました。その後は自分の打撃もだんだんと崩れていって、西武も勝てなくなっていきました。気づけば、工藤（公康）さんや、秋山さんら黄金時代を支えた人たちがほとんどいなくなって、チームの空気はガラッと変わりました。周りの若い選手たちが僕に気をつかっているように感じたし、自分がこのまま、ここにいていいのかと考えるようになったんです。そういう時期、1993年にプロ野球界に導入されたばかりのフリーエージェント制度が頭に浮かんだんです。

告白9　FA宣言――巨人という決断

清原氏とは2週間に一度、顔を合わせる。いつもお互いに同じ部屋の同じ場所に座る。そこから見ていると、目がその日の状態を物語っていることに気づく。人間味が湧き出る日もあれば、これが本当に清原和博かと疑うほど感情が表出しない日もある。

この日は後者だった。憂鬱そうな乾いた瞳はほとんど動かない。ただ、話が巨人時代に差し掛かると微かに生気を宿し、揺れ動いた。

＊＊＊

僕が西武ライオンズでプレーした11年間でチームは8回優勝して、6回日本一になりました。プロ2年目から僕は、より完璧なバッティングを求めて、逆に崩れていっていたんですが、勝つための打撃をすることで少しはそれに歯止めをかけることができたと思いますし、優勝という結果で自分を納得させることもできていました。でも次第に黄金時代のメンバーが抜けていって、チームが優勝できなくなっていきました。

ＦＡ制度という言葉を最初に耳にしたのは１９９３年のオフでした。選手が自分の意志で移籍できる。当初は選手会の力はすごいなとか、ＦＡで巨人に移籍した落合（博満）さんは勇気ある決断をしたんだなとか、まるで他人事でした。ただ、１９９５年から東尾（修）さんが西武の監督になられて、その年に自分は右肩を怪我して思うように出場できず、チームも優勝を逃したんです。この時には心が揺れ動いていました。

東尾さんには現役時代から可愛がってもらいました。僕が新人時代、門限を破ってすごい額の罰金を取られる時に、球団に掛け合って給料がなくならないようにしてくれたのも東尾さんでした。だから、優勝するための力になりたかったんです。でも台頭してきた若手とは年も離れていて、みんなが僕に気を使って、孤立しているような雰囲気でした。それで、このままいると迷惑をかけるのではないか、自分が出て行った方が東尾さんもやりやすいんじゃないかと……。僕はチームリーダーになって、みんなを引っ張れる人間じゃないので。

そういう気持ちと、ずっと抱えてきたバッティングに対しての「何かが足りない」という不満が合わさって、巨人への憧れがよみがえってきました。その頃にはもう、いろいろな立場の人が巨人と僕の間で動き始めていました。FAの権利を取った1995年のシーズンは満足に働けなかったので、肩を治して、1996年に西武に恩返しをしてから出て行こうと考えたんです。

恵まれているし、楽しい。でも何かが足りない。

西武では毎年、30本前後はホームランを打っていたんですが、その中で僕が足りないと感じていたものは何だったのか……。その頃には自分のホームラン1本がどれくらいの価値なのかわかっていましたし、欲しいものを手に入れるだけのお金ももらっていました。東京の繁華街に遊びに行くことも覚えていました。確かにバット1本で何でも手に入れられる状況だったかもしれません。ただ、形になるもので欲しかったのは車くらいですし、あとは両親と自分たちのために墓を買いましたね……。それくらいであまり欲しいものはなかったんです。恵まれているし、楽しいことも多くある。でも何かが足りない。そういう感覚でした。

1996年、8年ぶりに全試合に出場して打率2割5分7厘、31本塁打、84打点という成績を残した僕はFA宣言をしました。それから様々なことがあって、様々な人と会いましたが、あの時のことで真っ先に浮かぶのは国分寺にあった家の前に中継車が出ていた光景です。何でですかね……。あの騒ぎの中で巨人という球団の凄さを感じましたし、どこか自分の心が満たされていたのかな……、わかりませんが。

小さい頃から好きだった巨人と阪神が興味を示してくれて、長嶋（茂雄）監督の「僕の胸に飛び込んできなさい」、吉田（義男）監督の「縦縞を横縞に変えてでも」という言葉が注目されましたが、じつは僕の気持ちは90％、阪神に傾いていました。それは最初に巨人と交渉した時のことが大きかったんです。

場所は東京のホテルでしたが、当時の球団代表は約束の部屋で会うなり、チーム内の年俸での序列などを話して「この条件しか出せない」と言ってきました。なぜ僕が欲しいかとかそういうことではなく、来るなら来れば、という感じを受けたんです。だから、まず「僕の中では11年前のことが整理できていないんです。ドラフトのことを謝ってもらえませんか」と言いました。そうしたら、その人は僕の言葉を聞いて笑ったんです。そんなこともあったねえって、ドライな感じの笑いでした。結局、謝罪のないまま「君が来るなら落合を切るんだ」とか他の選手のことを話し始めた。僕が聞きたかったのはそういうことではなく、もっと単純なことだったんですが……。結局、途中で席を立って、その時点で気持ちは巨人から少し離れたんです。

あんたの夢はどこに行ったたん？　あんたの夢はそんなもんやったん？

その後に会った阪神の条件は巨人の倍以上でしたし、僕が必要なんだという熱意をすごく感じて、心を動かされました。同時に、なんで僕の気持ちは巨人に通じないんだろうと思いました。ドラフトの時もそうでしたが、憧れだけに失望も大きかった。

その後、僕の心が阪神に傾いているという情報が入ったのかどうかはわかりませんが、巨人は長嶋監督が出てきて熱意を伝えてくれて、最後は渡邉（恒雄）オーナーが両親も交えてドラフトのことを謝ってくれましたが……。

巨人か、阪神か、周りの人の意見は半々くらいで、迷った僕は最後にお父さんとお母さんに会いに大阪に帰りました。僕はいつも何か決断をする時には両親に相談して、そうすることで道が開けてきましたから。巨人と阪神の帽子を持っていって、阪神に傾いている心境を正直に言いました。そうしたらお母さんに「あんたの夢はどこに行ったん？　相手の対応が悪いからとか、それくらいのことでひっくり返ってしまうほどのもんやったん？　あんたの夢はそんなもんやったん？」って言われたんです。心の奥に残っていたものをズバッと指摘された感じで、ハッとしました。裏切ったとか、裏切られたとかの前に、僕は小さい頃から、あのユニホームで「日本一の男」になるのが夢だったじゃないか、と。巨人に行きたいというより、自分の夢を大事にする。最後はそこにたどりつきました。両親と会った後、それを一人で考えて、巨人に移籍することを決めたんです。

「あの時、ジャイアンツに行かなければ……」と、覚醒剤の事件を起こした後に考えたのは事実です。でも、今は一度きりの人生で自分の夢を大切にしたあの決断はあれで良かったんだ、人生にとって必要だったんだ、と思うようになっています。

＊＊＊

常勝西武の4番として11年間で329本塁打を放ってもどこか満たされない。清原氏の心はやはり巨人に向かった。消しがたい幼い頃からのあこがれ。

ただ、それからは自ら語るバッティングの緩やかな崩壊とともに、内面にも徐々に侵食していくような変化が起こっていく。

＊＊＊

巨人軍というところは想像を絶する世界でした。24時間、他人に見られているような気がしました。日々、球場の出入りだけでも何十人ものマスコミに囲まれて、翌日、新聞を開けば必ず一面になっている。高校時代から人が見ている前で野球をやるのは当たり前でしたが、一日のうち誰にも見られていない時間は必ずありました。でも巨人では一人になれる時間がなかった。

僕は高校でも、西武でも、なるべく自分の思うように自然に振る舞ってきたんですが、巨人に行ってからはなぜか、これまでの自分ではいけないような、変わらなきゃいけないような気持ちになりました。マスコミから悪意や敵意を感じることもありました。チームメートやスタッフまで「清原がきたぞ。どれくらいやるんだろう」という目で僕を見ているような気がして、どう振る舞っていいのかわからなくなりました。

だからと言って巨人に来たことを後悔していたわけではないんです。毎日、球場が満員になるなんてパ・リーグでは考えられなかったし、1年目から第64代の4番を打たせてもらった。第何代と呼ばれるのは総理大臣と横綱と、巨人軍の4番くらいのものですから。そういうプレッシャーの中で力を発揮できれば、それこそ自分は本物じゃないかと。ここは日本一の男にふさわしい舞台だと思わせてくれました。

ただ、後から考えてみると、ジャイアンツに入ってからは何のために野球をやるのか、そういう根本的なものが少しずつ変わっていったような気がします。完璧なホームランを打ちたい、タイトルを獲りたい。周りに認められたい。そういう気持ちがどんどん膨らんでいって……。その原因を考えていくと、やはり松井敬遠、清原勝負の場面ではないかな、と……。あれは今でも僕の心の中に出てくるんです。

告白10　松井敬遠、清原勝負の苛立ち

「これまでの自分ではいけないような気がしました」

夢だった巨人のユニホームに袖を通した途端、清原和博は違和感に苛まれ始める。東京の伝統ある人気球団を取り巻く環境は清原氏のバッティングにも、内面にも変化をもたらし、ほどなく、天才打者を支えてきたものを崩壊させるような決定的な〝事件〟が起こる。

＊＊＊

巨人に移籍して1年目の1997年はズタボロでした。僕は巨人を優勝させるた

めにきたのに、チームはBクラス（4位）に低迷しました。責任は痛感していましたし、叩かれて当然だと思っていました。実際にナイターが終わって、東京ドームを出る時、駐車場の出口でファンの人たちが待ち構えていて、車の窓ガラスやボンネットを叩かれました。火のついたタバコをフロントガラスに投げつけられたこともありました。

ただ、そういうことはまだ我慢できましたが、一番きつくて、耐えられなかったのは応援をボイコットされた時でした。シーズンも中盤くらいになった頃のある試合、僕の前の打者まではスタンドの巨人ファンから応援があったんですが、それが僕の打席になった途端にピタッと止まったんです。あの瞬間は本当に胸が苦しいというか、息が止まったというか、ショックでした。シーンとした球場が怖くて、どこにも居場所がない感じでした。それまで打席で誰かに応援されなかったことなんてありませんでしたから……。

あのシーズン、僕の成績は2割4分9厘、32本塁打、95打点でした。チームが優勝できなかったことに対する4番の責任もあったと思いますが、ファンがそういう行動に出た一番の理由は、僕がチャンスで全く打てなかったからだと思います。勝負所の方が自然と力を出せた僕が、巨人に行ってからはなぜか、チャンスで打てなくなっていました。後から考えると、それは松井敬遠、清原勝負、その事実に対するショックだったり、気負いだったりしたような気がします。

あの年、開幕してしばらくした後、3番に座った松井（秀喜）が打ち出すようになると、相手チームは松井を敬遠して、4番の僕と勝負するようになりました。それまで目の前の打者を敬遠されるなんていう経験はなかったですから、最初にやられた時は本当、頭に血がのぼるっていうか、真っ白になりました。

その後も、そうされる度に毎回、感情のコントロールができず、力んで凡打することばかりだったんです。あんなにチャンスで燃えることのできた僕が、そういう状況に自分自身で苦しむというか……。ことごとく打てず、しかも三振ばかりだったんです。あの年は三振王で、記録もつくったと思います（当時のセ・リーグ記録、152三振）。ファンが僕だけを応援しなかったのは、そういうことが原因だったと思うんです。

3番松井秀喜、4番清原和博の場面で何度も松井敬遠の屈辱を味わった

誰にも打てない、どでかいホームランを打ちたい。

僕はもともと不器用な打者ですが、あれだけの三振をしたもうひとつの原因は、セ・リーグとパ・リーグの野球の違いに戸惑っていたからだと思います。どういう風に言ったらいいのか……、例えば、ここは絶対にストレート勝負でくるな、というところでセ・リーグでは変化球がくる。ノーストライク3ボールからでも変化球を放ってくる。最悪、歩かせてもいいというか……。正直、「お前らプライドもクソもないのか」と内心では思っていました。よく、アメリカからメジャーの選手が日本に来て、日本の野球にショックを受けるのと同じような感覚だと思うんです。男らしさや、勝負に対する考え方が違うという。

僕はパ・リーグで山田（久志）さんや村田（兆治）さん、野茂（英雄）や伊良部（秀輝）と、男と男の勝負をしてきました。野茂なんか、勝負どころほど僕にフォークを投げなかった。ありったけの真っ直ぐで勝負してきました。でも、そういう野球はセ・リーグにはありませんでした。僕の記憶ではそういう投手は誰一人としていなかったですね。試合の勝敗がほとんど決まった後でも変化球、変化球、変化球できたりとか……。僕が今までやってきた野球の感覚で勝負にいったら、全部かわされました。

そういうグラウンドでの苛立ちがあったことと……。でも、やっぱり一番大きいのはチームメートの松井という存在を意識してしまったことだと思うんです。あの松井敬遠、清原勝負という場面は引退してからも頭に浮かんできましたし、今でも思い出します。それまで同じチームの打者をライバル視したことはなかったんですが、松井は意識せざるを得なかったです。

試合前、フリー打撃の時からどれくらい飛ばすのかを見ていて、それなら俺はもっと飛ばしてやろうと思っていました。でも、いざ試合になると打てない。応援をボイコットされてからは、なおさら松井のことを気にするようになっていったと思います。

＊＊＊

甲子園で13本塁打を放ち、西武の黄金時代を築いたスーパースターを支えていた核のようなものが、ジャイアンツにきてから徐々に崩壊していく。松井秀喜という打者は、ある意味でそれを象徴する存在だった。

その喪失感はやがて、バットを振る理由をも変えていった。

＊＊＊

結果が出ない、期待に応えられない。そういう中でだんだん周りも敵だらけに見えてきてしまいました。毎試合、毎試合、勝因、敗因があって、新聞はそれを書くんですが、負けた時、敗因としてのクローズアップのされ方は僕と松井では明らかに違ったような気がします。あの時代は勝っても、負けても一面はジャイアンツですから、覚悟はしていたつもりだったんですけど、いざ、中へ入って自分が叩かれると「ここまでやられるの？」っていう……。A級戦犯だの、大ブレーキだの、ここまで個人攻撃するんかなっていう……。

球団自体も「生え抜き」と「外様」の扱いをグラウンド上でも、それ以外でもはっきりさせる球団でしたから、そういう部分でも差を感じてしまったというか。マスコミも、松井のことをボロクソ書いたら球団に注意されるけど、清原のことなら書いても大丈夫だろうという空気がわかっているんじゃないかって……。そういうことまで考えてしまいましたね。疎外感というか、孤独感というか……。

不思議と、そういう時に味方になってくれたり、アドバイスをくれたりしたのは、僕と同じように、よその球団から移籍してきた人や、関西出身の人が多かったですね。村田（真一）さんとか、元木（大介）とか。特に広澤（克実）さんとは同じ外様として共感できたというか、色々とアドバイスをもらいました。プライベートで食事することも多かったです。「キヨ、大丈夫や。慣れたら打てるようになるよ」って、いつも言ってくれたのを覚えています。

ファンの期待が大きかったというのは感じていましたし、重圧や批判はもう、その時は受け入れるしかなかったですから。自分の宿命というか、自分が4番だったわけですから、自分が打てば勝つし、打たなければ負ける。それはそれで受け入れていくしかない。割り切ろうと。毎日、そう思ってもまた、次の日は試合で打ちのめされるという、その繰り返しでしたね。

そういう状況の中で僕はだんだん「誰にも打てない、どでかいホームランを打ちたい」と強く思うようになっていきました。西武の時も、1年目が終わってからは、どんな難しいボールでも打たないといけないとか、ホームランを40本打ってタイトルを取らないといけないとか、そういう葛藤はありましたが、それでも最終的にはチームの勝利というものが最優先で、そういうバッティングをして自分を納得させられた部分があったんですが、ジャイアンツではそうでなくなっていったのかもしれません。周りに自分を認めさせるため。誰にも文句を言わせないため。そういうことのためにバットを振るようになっていったのかな、と今から考えれば思いますね……。

スタンドのファンから応援されないっていうのは、それくらい僕にとって辛かったです。僕はずっと誰かから期待されたり、応援されたり、満員のお客さんが僕に何を望んでいるのかを感じたり、そういうことを力にしてバットを振ってきたんで。まあ、それが僕と松井との根本的な違いでもあったんですが……。

だから、それを取り戻すための力が欲しくて肉体改造もしましたし、パフォーマンスが上がると思えば、グリーニーと呼ばれる興奮剤も使うようになっていきました。

告白11　肉体改造とグリーニーの理由

巨人に移籍した1年目、これまで自分を支えてきたものが崩れ去った。投手は自分を怖れず、目の前の打者が敬遠された。スタンドから自分に対する歓声が消えた。苦悩する天才打者はそこから、特大のホームランや筋肉の鎧といった、自己顕示のための目に見える強さを追い求めていく。

＊＊＊

応援をボイコットされて、松井敬遠、清原勝負ということまでされて、チームを勝たせることもできなくて……。巨人に移籍してきてから独特の重圧とか、雰囲気になかなか慣れず、どこかチームの一員になり切れていないような感覚がありました。とにかくその頃の僕は周りに自分を認めさせたい。だから今までの自分よりもパワーアップしたい。そういう気持ちが強くて……。肉体改造もそういう理由で始めたんです。

きっかけは1998年のオフ、日米野球でサミー・ソーサが来日して、期間中に一緒に食事をする機会があって、その席で彼の体を見て衝撃を受けたんです。こういう肉体があれば、単純に考えて、これまでフェンス手前の外野フライになっていた打球がホームランになるということだなと思いました。

僕はパ・リーグにいた頃からいつもタイトル争いをするのは外国人選手だったんです。いつも彼らに負けていた。例えば、試合でホームランを打っても、僕の方がずっと遠くに飛んでいるはずなのに、翌日、新聞に出ている推定飛距離を見ると僕が130mで、外国人選手は140mになっている……。30歳を過ぎて、肉体的な衰えを感じるようになっていたし、ソーサの体を見て、肉体改造に乗り出そうと決めました。迷いはありませんでした。

それから専門家のケビン山崎氏と相談して筋力トレーニングと食事制限で体を鍛

えていったんです。どんどん筋肉がついて大きくなっていく僕の体を見た周りの人たちからは「格闘技をやるつもりか」とか言われて馬鹿にされましたけど、自分としては後悔していません。実際に今はみんな筋力トレーニングをしているし、もう普通になっているじゃないですか。

肉体改造の効果と弊害。

ただひとつだけ失敗したのは、やっぱりその……一番基本であるランニングをおろそかにしたことです。今思うと……まあ、ちょっとずつ学んでいくんですけど、筋肉のトレーニングばっかりやって体重もアップしたのに、一番基礎になるランニングをおろそかにしてしまった。もちろん下半身も鍛えていたんですが、機械で鍛えるのと走り込むのとは違いますから、肉離れや、膝の怪我が増えていって……。そういうのに気がついたのは後からだったんですよね。

それでも、どんどん飛距離は伸びていきましたし、明らかに打球速度も、スイングスピードも違うというのは体感できました。ただ、目に見える筋肉がついて、肉体的に強くなったこともそうですが、あのトレーニングをして一番大きかったのはメンタルだったのかなという気がするんです。俺はこれだけやったんだ、と。自分が食べたいものも我慢して、きつい思いをしてトレーニングしていることを支えに打席に入っているようなところがありました。逆にそれがなければ、ああいう状況の中で、自分を保って打席に立つことはできなかったのかもしれません。

「グリーニー」と呼ばれる緑色の薬を初めて知ったのは確かその頃で、最初は外国人選手が飲んでいるのを見たからだったと思います。聞けば、疲れが取れて、集中力が高まる興奮剤ということでした。当時は禁止されてもいなかったので、自分も服用しました。確かに最初は効いたのかもしれません。連戦でも疲れを感じないとか。ただ、途中からはどういう効果があるのか、疲れがなくなっているのかどうかもわからなくなってきました。その頃は、野球の試合でいいパフォーマンスができるなら、何だって取り入れようと思っていましたから。グリーニーもその中の一つでした。

巨人には松井（秀喜）がいて、途中からは（ロベルト・）ペタジーニ、マルちゃん（ドミンゴ・マルティネス）も来ました。チーム内に僕よりも飛ばす選手が沢山いるんです。とにかくあの頃は、彼らより強く遠くに飛ばすとか、自分の存在を示さないといけないということばかり考えていたんです。

松井と僕の一番の違いはメンタルの強さだった。

きついトレーニングをして、パサパサのささみを食べて、いいと思うことは何でもやって……。僕は何が欲しくて、それをやったかというと、やっぱりファンの声援だったと思うんです。今でも覚えているのは2000年、その年も前半戦は下半身の怪我でほとんど出られなくて、プロ野球人生で一番長い二軍生活を送っていたんです。それで7月7日、東京ドームの中日戦、代打で復帰したんですけど、その時にすごい拍手をもらったんです。ずっと期待を裏切り続けてきたのに……。

高校時代に甲子園でも対戦した中山（裕章）からホームランを打ったんですけど、あの時の割れんばかりの声援と拍手というのは今でも忘れもしないです。感動しましたし、ここに来てよかったなと、そういう風に思いました。その年はシーズンの途中からですが、スタメンに復帰して、僕が移籍してから初めて優勝することができました。それで、ようやくジャイアンツの一員になれたなという気がしました。

ジャイアンツにきてから、ずっと勝負弱かった僕がこの年から勝負強さを取り戻せたんですけど、それはやっぱり怪我をしている間に考える時間があって、松井敬遠、清原勝負ということに対する気持ちを整理できたからだと思います。

それまでは松井が敬遠されるたびに、自分の感情をコントロールできなくて凡打していたんですけど、怪我で休んでいる間に「松井が敬遠されないように、俺が打つんや。松井を援護射撃するんや」という気持ちになれました。もちろんトレーニングして肉体的に強いものを手に入れたことも大きかったと思います。それからはチャンスで結果が出て、松井敬遠、清原勝負ということはほとんど無くなりました。

後から考えれば、それまでは松井のことをライバルとして意識していましたし、どこかコンプレックスのようなものがあったのかもしれません。松井は年々、進化していましたし、技術もすごいんですけど、一番の僕との違いはメンタルの強さだったと思います。いつも同じように球場に来て、同じように球場を去っていく。そういう姿に「こいつすごいな」と思っていました。

例えば、大チャンスに打てなくてチームが負けても、淡々としているんです。松井とはロッカーが近かったので、わかったんですけど、あいつはホームランを打った日も、まるっきり打てなかった日も同じように淡々と着替えて、同じようにスパイクを磨いて帰っていくんです。感情を見せないんです。僕なんかはチャンスで打てなかった日は、ベンチからロッカーに戻って、椅子に座ったまま30分は動けませんでした。

松井は悔しくなかったんじゃなくて、感情をうまくコントロールできる人間なんだなと思います。僕とは根本的に違うんです。だから松井は松井。年齢にかかわらず彼には彼の凄さがあると自分の中で認めたんです。そうしたら、それからはあまり意識しなくなったというか。解放されました。

＊＊＊

誰かから求められなければ力を発揮できない。自分の存在を実感できない。甲子園を沸かせ、プロ野球でもスターであり続けた清原氏は巨人時代、そういう自分の性(さが)を知った。その生き方はどうやっても変わらないものだった。

そして再び歓声を取り戻すために、喜び、悲しみ、もがいていく。

＊＊＊

イチローや松井というのはお客さんが1人もいなくても、同じパフォーマンスを出せるタイプの選手だと思うんです。僕は逆にファンの人たちとの一体感がないと力を発揮できなかった。だから応援のボイコットは本当に辛かったし、それを取り戻すために、何だってやったんです。これは人づてに聞いたんですが、巨人時代に松井が「僕がホームランを50本打っても、ファンの人たちが清原さんの1本のホームランに送る声援には勝てない」というようなことを言っていたらしいです。

今は野球選手もヒットを打ってもあまり嬉しそうにしないし、感情を表に出さずに野球をやっているように見えます。プライベートとグラウンドを区別するというか。でも、僕の場合はテレビのチャンネルみたいにパチパチ変わらないんです。感情とともに戦うというか、そういうやり方しかできなかったんです。

告白12　ピアスに込めた反骨心

巨人で年数を重ねていくうちに、清原氏は、自分は長嶋茂雄や松井秀喜のようには、ジャイアンツの精神を体現できないと悟っていく。自分の感情をさらけ出し、他者の感情をエネルギーにする。それが清原和博の考える「真っ直ぐ」であり、自分はそういう生き方しかできないのだ、と。

＊＊＊

松井と自分の違いはわかっていました。あの当時、松井は巨人を象徴するような存在だったと思います。

そして、僕がジャイアンツにいた9年間で最もそういう雰囲気があったのが、長嶋監督でした。グラウンドでも、それ以外でも長嶋さんがいるところには必ず人だかりができていますから、どこにいるかすぐにわかるんです。そこで、いつも大勢のマスコミに対応しているか、ファンの方へサービスしている。いつも同じ態度、同じ笑顔で接していて隙がなかった。僕からしたら「よく疲れないな」という感じがしていました。ジャイアンツの象徴として、いつも見られているという、常にそういうことを考えている人なんだろうなという感じがしました。

僕の場合は自分のコンディションが悪かった時や、意地悪な記者と接する時は、どうしても顔に出てしまったんですけど、長嶋さんはそういうものを絶対に出さなかった。松井もそういうところを見習って、受け継いでいたんじゃないですかね。それがジャイアンツらしさというか……。ホント、僕にはできないことなんですよ。

長嶋さんは、僕が巨人に移籍してきた時の監督で、最初4番に据えてもらって、期待してもらったのに、なかなか思うようにその期待に応えられませんでした。たまに打撃に悩んでいる時は遠征先のホテルの監督部屋でスイングを見てもらったこともありました。長嶋さんというのは独特な指導をされる人で、構えがどうとか、トップの位置がどうとかよりも、バットが風を切る音をすごく大事にするんです。僕がスイングする音を目をつぶって聞いていて「今のはいい」「今のはダメだ」と言ってくれる。そうやってヘッドの走りを確認していたんだと思うんです。自分もスイングしてて良い、悪いの感覚があるんですけど、長嶋さんは音を聞いただけで、それを100%当てる人でした。

長嶋さんと一緒に野球をやって思ったこと。

長嶋さんが監督をしている間、僕は怪我をして二軍にいることも多かったんですが、一軍への復帰試合はホームランを打ったり、ことごとくうまくいったんです。それはやっぱり、長嶋さんという人が試合の中でファンが何を求めているかというのを一番よく知っていて、ここぞというところで僕を打席に送ってくれたからだと思うんです。

怪我が治って一軍に合流した試合では、ベンチで流れを見ながら「ここで自分が代打に行くんじゃないか」と思うと、必ずと言っていいほど長嶋さんは僕を指名してくれました。お客さんも、すごく盛り上がる。打席に行く前も「任せたぞ」という感じでほとんど何も言わない。僕も、ファンの人たちが何を望んでいるかはわかっていましたから。三振か、ホームランか。そういうバッティングをしました。恐れ多いですが、長嶋監督とはそういう部分で共感できたのかもしれません。長嶋さんは普段から、極端に言えば、野球よりもファンの方が大事なんじゃないか、と思うくらい、ファンに目配りや気配りをする人でした。プロ野球の中で誰よりもお客さんの気持ちがわかっていたんだと思います。

ただ、世間の人たちは穏やかな笑顔のイメージがあるかもしれませんが、実際に長嶋さんと一緒に野球をやって思ったのは、勝負に対する執念や喜怒哀楽が凄まじいということです。マスコミやファンの皆さんの前では絶対に見せないですけど、例えば試合に負けて、ベンチからロッカールームへ引き上げる時、監督室の前を通ると、中から物凄い怒鳴り声が聞こえたりしたこともありました。おそらく負けたことに対して、自分自身に怒っていたと思うんですが、そういうことが何度かありました。

これは逮捕された後に留置場の中で王さんの本を読んだ時にも感じたことなんで

すが、穏やかな外見からは想像できないくらいの激しいものを心に秘めていて、ただ、それを絶対に見せないというか……。これが巨人のスターなのか、と……。やっぱり僕とは違う、別世界の人なんだな、という感じがしていました。

2004年、堀内（恒夫）監督になってから僕はあまり使われなくなりました。なぜ使われないのか、わからなかったので、あの頃はいつもイライラしていた気がします。その後は6月に死球を受けて、離脱したこともあってプロに入ってから最も少ない40試合しか出られないシーズンでした。そして、驚いたのは、4年契約の3年目なのに、そのシーズンが終わった後に長嶋一茂さんから「来季の巨人軍に君の居場所はない」と告げられたんです。

球団のフロントに、球団事務所に呼ばれて言われるならわかりますが、何で球団と関係ない人から、球団事務所でもない、隠れた場所でそんな重大なことを言われるんだろうとショックだったし、すごく寂しかったのを覚えています。

僕としては、そういう話は逃げることなく正々堂々と正面からして欲しかった。だから、球団事務所に乗り込んで、直談判したんです。新聞では僕が「編成権は監督にあるのか、球団にあるのか」と聞きにいったということになっていますが、本

2004年11月、会見で直談判を謝罪し、「泥水を飲む覚悟」と巨人残留を表明

当は、なぜ球団が直接、話してくれないんだ、というのが一番の思いでした。直談判したその場で球団から「構想外」というようなことを言われ、悔しさというのもありましたが、それよりも寂しかったですね……。少なくとも自分の中では体がボロボロになっても、怪我をしても何度も立ち上がって、何とか……と思っていたのに、そういう自分の思いが球団には届いてなかったのかなという寂しさでした。

ただ、球団の構想に入れるかどうかは実力の世界なんで、そう判断されればプロとしては何を言っても仕方ないんです。そこはシビアな世界なんで、割り切るしかなかったですね。それでも、僕はジャイアンツで現役を終えるつもりだったので、まだ残り1年ある契約を全うして、そこでどうなるか決めてもらいたかった。だから、その後、直談判騒動を謝罪する会見をして、「泥水を飲む覚悟で」と話しました。最後の1年を腹をくくって戦おうと決めたんです。

そして、この悔しさを忘れないために、刺青を入れようと思ったんです。気持ちというのは時間が経てば忘れてしまうものなんで、いつでもこの激しい気持ちを思い出せるように悔しさを体に刻み込むつもりでした。ただ、実家のお母さんに電話をして「刺青を入れようと思う」と言ったら、その場で泣かれてしまったんで……。

代わりにダイヤのピアスをしたんです。当時は照れ隠しで「バリー・ボンズにあやかって」と説明しましたが、本当は、あのピアスに悔しさや反骨心を込めていたんです。

＊＊＊

東京やジャイアンツへの憧れとは裏腹に、自らの価値観はことごとく、生まれ故郷・岸和田の文化に根ざしている。巨人と清原氏が乖離（かいり）していった根柢には、そういう人としての矛盾も含まれていたように映る。

＊＊＊

大阪の岸和田で生まれた僕が何で東京に、ジャイアンツにそこまで憧れたのか。小さい頃からおじいちゃんとテレビで巨人戦を見ていたことは確かですが、決定的な理由となると……、難しいですね。ただ、今でも夏の終わり、だんじり祭の時期になると大阪へ帰ります。岸和田の子供は小さい頃から「少年団」に入って、だんじりの列の前の方で綱を引くんです。リトルリーグの練習も祭りの時だけは休みになるんです。町内の道があちこち通行止めになって、グラウンドまで行けなくなるからです。だからPLに入る中学3年までは僕も祭りに参加していました。重さ4トンもあるだんじりが猛スピードで急カーブするんで、死人が出ることもあります。それでも、みんな正々堂々と命をかけてやっている。そういう大人を見て育ってきたんです。格好良かったですね。だんじりに乗せてもらえるのは25歳からなんで、ずっと、いつかはあそこに加わりたいと思っていました。でも実際に25歳になった頃、僕はもうプロになって、東京に出ていました……。

自分が思う男らしさとか、格好良さというのは、あの時の球団にはありませんでした。少なくとも僕にはそう思えたんです。

告白13　巨人解雇と涙の「とんぼ」

一時は快調だった清原氏の状態が冬の到来とともに優れなくなってきた。「抗鬱剤を強いものに変えたんですが、それが体に合わなくて……」。そう言って顔をしかめる。痛み、倦怠(けんたい)、どの言葉でも表現できない感覚だという。

「ほんま、覚醒剤依存症の治療は難しいです……」

日ごとに直面する浮き沈みの中で、後悔も襲ってきているようだ。この日、野球人生で最も厳しい時期の述懐も、その険しい表情のままで行われた。

＊＊＊

巨人での最後の2年間は辛いことばかりだったような気がします。2004年のオフ、契約が残り1年あるのに「もう君の居場所はない」と告げられたこと。球団に直談判した後、その騒動の謝罪のような形で会見し、「泥水を飲む覚悟で……」と巨人で現役を終えたい気持ちを貫いたこと。悔しさを忘れないために刺青を入れようとしたこと……。

そういう覚悟で臨んだ2005年のシーズンも開幕から4番を打って滑り出しは良かったんですが、夏前に左膝の半月板を痛めてしまいました。そこからはもう、あっという間でしたね。8月に一度は復帰しましたが、その後、出場選手登録を抹消された直後に球団のフロントから都内のホテルに呼び出されました。それが、どういうことなのか察しはついていました。ただ、悲しかったのはホテルに行くまでに薄暗い通路を通っていかなければならなかったことです。マスコミの目を避けるために地下道を通ってきてほしいということでした。

僕はマスコミに囲まれる覚悟もしていましたし、正々堂々と正面から球団と話したいという気持ちだったんですが、なんで、また球団事務所に呼ばれないのかな、なんで隠れた場所で言われるんだろうなっていう思いですよね。

話はものの3分くらいでした。「もう来季、君と契約する気はない」。そういう話でした。覚悟はできていたので特別驚くことはなかったんですが、やっぱり悲しかったのは、9年間在籍したのに「お疲れさま」のひと言もなかったということでした。もう契約しないということだけを言われ、僕から何か話すこともなく、そのホテルを後にしました。何かまっすぐ家に帰るような気にはなれなくて、そのまま車で外苑前のイチョウ並木に行って、そこに車を停めて、ハンドルに顔を伏せたまま泣きました。

当時、僕は打席に入る時に長渕剛さんの「とんぼ」という曲をかけていたのですが、それはあの頃の自分の心境とぴったり重なっていたからかもしれません。東京に憧れて、ジャイアンツに憧れて、それでも、大好きなものに自分の思いが通じないという。通じないどころか、突き放されるという……。

僕は解雇を告げられた直後に左膝の手術を決断しました。まだまだ自分はやれるという気持ちだったので、もう次、来年のことを見据えて、とにかくリハビリを頑張ろうと決めたんです。ただ、あの決断の理由も、今考えてみると、悲しい気持ちを紛らわしたりとか、和らげたりとか、本当はそういうものもあったんじゃないかなと思えてきます。僕はずっと、巨人で現役を終わるつもりでしたから……。

僕にとっての巨人とは……。

何度も言うようですが、自分は巨人に行ったから、その後の人生で苦しんだのかもしれない、と思った瞬間は確かにあります。覚醒剤の事件を起こした後などは特に頭をよぎりました。ただ、少なくとも現役をやっている間は、巨人に入団したことを後悔するような気持ちになったことはありませんでしたし、これは不思議なんですが、事件で逮捕された時など人生の苦しい時に思い浮かぶのは巨人時代に打ったホームランなんです。自分のホームランを集めた映像集を見る時でも、あの頃に打ったホームランをいつも見るんですよね。

それまでの野球人生で最も長い二軍生活から戻った２０００年の七夕、巨人ファンが大歓声をくれて、それに応えるように中山（裕章）から打ったホームランも、故障でシーズン半分を棒に振った２００２年の日本シリーズで松坂（大輔）から打ったホームランも、良い時よりも悪い時や苦しい時に打ったホームランを覚えているんですよね……。ああ、でも……、考えてみると、ホームランというより巨人ファンの声援を覚えているのかもしれません。

巨人にいた頃の僕は浮き沈みが激しくて、怪我ばかりしていて、ファンから応援をボイコットされたこともありました。ただ、それでも時間とともにファンの人たちとの間に何かが芽生えてきて、僕がスタメンで出られない時にファンが「清原出せコール」をしてくれたこと、いつ頃からか東京ドームのスタンドに「清原信者」という看板が上がって、それがどんどん増えていったことは今も忘れられません。僕は怪我をしても、またあの舞台に戻りたいという思いでリハビリをして、バージョンアップして東京ドームに戻って、ファンの前でホームランを打つ。それでまた歓声をもらう。あの一体感があったから、力を発揮できたんだろうと思います。

巨人での晩年、成績が出ない時、僕の心を鎮めてくれたのはバットでした。ベンチにも、ロッカーにも、トレーニングジムにも、いたるところにバットを置いて振っていました。バットに触っていると不安が消えるというか、落ち着くんです。家にはもちろん何十本もバットが立ててあって、明日はどのバットにしようか、時間さえあれば握って感触を確かめていました。寝る場所にも、洗面所にも置いてありました。

2002年日本シリーズ第1戦、西武のエース松坂からホームラン

バットが僕の気持ちを鎮めてくれるものだとしたら、巨人ファンの声というのは僕を燃えさせてくれるものでした。どちらがなくても、ホームランを打てなかったですし、どちらが欠けても自分はダメだったと思います。

僕にとっての巨人とはファンであり、球団であり、仲間であり、監督であり、全てを含めて巨人なんです。だから様々な感情が入り混じっているんですが、今、思うのは嬉しいことも、悲しいことも、悔しいことも全部ひっくるめて人生の中で充実した9年間でしたし、巨人に対して感謝しているということなんです。

＊＊＊

「大阪へ戻ってこい」

巨人でもがく清原に声をかけた野球人がいる。この言葉は当時、多くの人が同様に抱いていた思いのように聞こえるが、それでも清原氏は東京の光に惹かれ、憎しみすら抱えたまま巨人を愛す。あの時も、今も……。それを見ると、あらためて清原和博という人の「所属」はどこにあるのだろうと、思わざるをえない。

＊＊＊

巨人を退団する1年前、２００4年に僕は事実上、構想外であることを告げられたわけですけど、じつはこの野球人生で一番苦しい時期に、自分でも思いもかけなかった人から1本の電話をもらったんです。（次のシーズンから合併球団オリックス・バファローズの監督になることが決まっていた）仰木（彬）さんでした。シーズンオフのある日、突然、携帯電話に知らない番号からかかってきて、出たら「わしや、仰木や」って。僕もびっくりしたんですよ。

僕にとって仰木さんというのはずっと、優勝を争うライバルチームの監督でした。西武時代は近鉄やオリックスと優勝を争うことも多かったですから、相手のベンチを見ながら、いつも「すごい監督さんだな」と思っていました。個人的にはだいぶやられました。よくぶつけられたし、僕に打たせないことを一番徹底してくる人でした。打席で僕が集中している時に急にベンチからタイムをかけられたりとか、すんなりと気持ち良くプレーさせてはもらえず、いつも近鉄とやる時はしんどかったのを覚えています。もちろん、西武時代に話したことは一切なかったです。だから、その電話で「お前の最後の花道を俺がつくってやる。だから大阪に戻ってこい」と言われた時には本当にびっくりしました。仰木さんが僕と一緒に野球をやりたいと思っていたなんて、想像もしなかったですから。

僕が巨人で構想外になっているという情報が入っていたんだと思うんですけど、仰木さんの熱っぽい言葉を聞いた僕は、それに応えたいという気持ちも湧いてきました。ただ、やはり巨人とあと1年契約を残しているのに、自分に対する処遇が悪いからといって、巨人との契約を反故（ほご）にする形で苦しい状況から出て行くっていうのは嫌だったんです。最後まで契約を全うして、それでもまだ、声をかけていただけるなら……というつもりでした。

その時の僕は、仰木さんにタイムリミットが近づいているということは知らなかったので。

告白14　鳴り止まぬ仰木さんの電話

僕の家には仰木（彬）さんの写真が飾ってあります。多分、イチローも同じものを持っていると思うんですが。あの時、僕が巨人をクビになった時、なぜ仰木さんが僕を欲しがってくれたのか。結局、一緒に野球をやっていないので今もわからないんですけど……。でもなぜか、あの頃のことが忘れられなくて、現役引退してからもずっとあの写真を飾っているんです。

＊＊＊

失意の底にいた時、声を掛けてくれたのは仰木彬だった。

西武の4番と近鉄の指揮官。かつてパ・リーグのライバルとしてしのぎを削った名将が「大阪に戻ってこい。花道をつくってやる」と訴えかけてきた。

ただ、憧れの東京や巨人に自分らしい居場所を見出せなかったスラッガーにとって、その言葉は、夢破れたという事実や自分に潜む矛盾をえぐり出すようなものだったかもしれない。清原氏は、仰木氏の情と夢の残り火の狭間で煩悶する。

＊＊＊

２００４年、巨人から構想外であると告げられた後に初めて仰木さんから電話があって、その時、「大阪に戻ってこい。お前の花道は俺がつくったる」と言われたんです。まだ1年、巨人との契約が残っていたので仰木さんはトレードで獲るつもりだったんだと思うんですが、僕は契約を全うすることを選びました。あの時期は辛いことが多かったんですけど、巨人で現役を終えたいと考えていましたから。それに、もし出て行かなければならないにしても、正々堂々と正面から出て行きたかったんです。

ただ結局は、契約最終年の２００５年8月に巨人から秘密裏にホテルに呼び出され、解雇を告げられました。仰木さんはそんな僕にもまた、声を掛けてくれたんです。

そのシーズン、仰木さんは近鉄とオリックスが合併してできたばかりのオリックス・バファローズの監督だったんですが、シーズン中のオフの日に、よく東京へ来てくれました。膝を手術してリハビリ中の僕によく電話をかけてきて、「ちょっと東京まで来たんやが、時間あるか？」、「キヨ、飯食ったか？」と、いかにも東京に来たついでに電話したという感じで誘ってくれました。僕に気を使わせないようにしてくれていたんだと思います。僕はあの時、まだ自分の腹が固まっていなかったので「すいません」と断ると、「そうか。ほな、また来るわ」と言って電話を切る。そういうことが何度もありました。

「お前は大阪に帰ってこなあかん人間や」

選手の立場として、1つの球団の監督と長いこと話をする経験はほとんどないんですけど、なぜか仰木さんとは野球以外の話もずっとしていられました。本当に裏表なく接してくれましたし、人間と人間で付き合えるというところに惹かれました。僕は何度か「なぜ、僕にこだわるんですか？　僕の給料で、いい外国人投手を2人は取れますよ」と聞いたこともありました。給料は高いし、膝を壊しているし、僕がいたら周りの選手が気を使ったりもしますから。

その度に仰木さんは「お前は大阪に帰ってこなあかん人間や」と。とにかく大阪へ帰ってこいの一点張りでした。仰木さんのことを思い出すと、あの台詞が今も浮かんできます。逆に言うと仰木さんじゃなかったら、僕を欲しいと思わなかったんじゃないですかね。

1日に何度も電話をかけていただいたこともあって、仰木さんからの着信で携帯電話の履歴がいっぱいになったこともありました。後から聞いたんですが、その2005年のシーズン中、ある試合で主審に代打を告げる時、仰木さんは間違って「代打、清原」と言ってしまったらしいんです。そこまでほしがってくれていたんだ、と……。僕はいつも野球人生で大きな決断をする時には両親に相談していたんですが、仰木さんは岸和田の僕の実家まで行って、両親に挨拶までしてくれていたんです。そういう気持ちは十分に伝わっていました。

ただ、それに対して僕はすぐに返事できなかったんです。やっぱり大阪は僕の地元ですし、好きなんで、そこに戻ってこいという響きは心地よかったんですけど、僕は勝負をかけて東京に出てきたわけですから……。巨人や東京に対するこだわりが、まだ捨てきれなかったんだと思いますし、そういう自分の中でのわだかまりと、あとは膝を手術したばかりで、本当に今までのようにプレーできるようになるんだろうか、という不安がありました。だから一度は、この話を断ろうと思って僕が大阪に行ったんです。いつも、仰木さんに東京に来ていただいていたので、自分がきちんと出向いてお話しさせてもらおうと思って。

すごい店の、大きな部屋を仰木さんが予約してくれて、そこで二人で会いました。僕が最初から断りに来たというのを察していたのか、仰木さんはほとんど野球の話をせずに、僕が切り出せないように、ずっと世間話をしていたのを覚えています。僕も、とにかく自分の気持ちを伝えなきゃと思って、無理矢理切り出そうとしたんですが、先に仰木さんに頭を下げられてしまって……。「頼む。ワシに力を貸してくれ」と。仰木さんはすべてお見通しだったと思うんですが、その上で、そこまでされてしまったので、僕は「お気持ちを持って帰らせていただきます」とお伝えするのが精一杯でした。

仰木さんが体調を崩されていると知ったのは、そのシーズンの終わり頃だったような気がします。人づてに聞いたんですが、考えてみれば、まだ巨人との契約が1年残っている段階から、あんなに熱心に声をかけていただいたのは、きっと、あと1年くらいだろうなと、自分のタイムリミットを仰木さん自身がわかっていたからだと思うんです。ホント、そう思ったのは後からなんですけど……。あんなにたくさん電話で話したのに、仰木さんは自分ではひとことも病気のことなんて言わなかったんです。

巨人をクビになったまま、次の所属が決まっていなかった2005年12月15日、僕は名球会総会のためにハワイへ到着したんですが、着いたところで仰木さんが亡くなったことを知らされました。ちょうど、その10日前に仰木さんから電話があって、「大阪に出てきているから、ちょっと会わないか」と言われたんです。結局、僕は行けなかったんですが、訃報を聞いた瞬間に、あの電話はそういうことだったのか、と思いました。

もうその頃には、仰木さんは体調のこともあって監督を退任され、シニアアドバイザーという肩書きになり、地元の北九州付近の病院にいたと思うんです。ただ、あとで聞いたら、僕に電話をかけたその日は球団の人間にも知らせず、北九州から大阪まで出てきていたみたいなんです。いつものように「ちょっと、会わないか」という感じだったので、そんな深刻なこととは想像できなかったんですが、僕に最後のお別れをしようとしていたのかな、と……。あの時、何をおいても行っていれば良かったなと、随分、後悔しました。

12月に入って、オリックスと交渉した時、僕は仰木さんの下で力になりたいと思っていたんですが、膝のリハビリの途中で、本当に力になるためには万全の状態にしないといけないという気持ちがあって、それまではオリックスに返事するのはやめようと思っていたんです。まさか、その12月に亡くなられるとは思わなくて……。オリックスに行ったら、いっぱい話をしたり、接する時間があるんだろうなと楽しみにしていたんですけど。本当に、一緒に戦うことができなかったというのは後悔しました……。

＊＊＊

これまで清原氏は覚醒剤使用を除いて、人生において決して悔いを口にしてこなかった。周囲から「ああしていれば……」と囁かれることについても、それが自分の選択だったのだと受け止めてきた。

ただ、仰木氏の死についてだけは「後悔」と表現する。居場所を失くした自分に、それを与えてくれた人は、清原が大阪に戻る決意をした時にはすでにこの世にいなかった。還る場所を求めていた男の心に、ぽっかりと穴が空いたことは想像に難くない。いまだ部屋に飾られている仰木氏の写真がそれを物語っているようだ。

＊＊＊

オリックスがキャンプをしていた宮古島には、仰木さんがいつも歩いていた、仰木ロードというのがあるんです。道の両側は一面ずっとさとうきび畑なんですけど、なぜか気持ちがいいんです。仰木さんに、後悔を残しているからかもしれませんが、僕は折に触れてあそこに行きたくなるんです。一昨年（２０１６年）、保釈された後も、宮古島に行って、その道を歩きました。仰木さんはここを歩きながら、どういう考え事をしていたのかなあ、と思いながら。

告白15　最後のひと花

仰木（彬）さんが亡くなった5日後、2005年12月20日、僕のオリックスへの入団が正式に決まりました。その姿を見せられなかったことへの後悔は消えませんでしたし、一方で巨人に対する気持ちが全くなくなっていたと言えば、嘘になります。ただ、とにかく仰木さんの恩に報いるためにも、8月に手術した左膝のリハビリをして、シーズンへの準備をすることで頭がいっぱいでした。そういう慌ただしさが気持ちを紛らわしてくれていたのかな……。僕はPLを卒業して以来20年ぶりに大阪へ戻りました。

＊＊＊

あの頃も今も、清原氏はオリックス時代を語る時に「最後のひと花」や「花道」といった言葉を使う。それは少なからず、自分はもう今までのようなバッティングはできないと実感していた証拠だろう。もう誰かの期待に応えることはできないのかもしれない……。そういう、自分が一番良くわかっているはずの、薄らとした現実を覆い隠すように、彷徨える打者はドラマチックな花道を求めていく。

＊＊＊

すごくはっきり覚えているのは1月31日、オリックスで初めてのキャンプイン前日のことです。僕は配られたばかりの新しいユニホームを着て、ホテルの部屋で鏡の前に立ちました。何度も角度を変えながら見て、似合っているかどうか、そわそわしていました。膝の手術の後、だいぶ体を絞ったんで細くなったなとか、シンプルなデザインが似合っているなとか思いながら、ずっとユニホーム姿の自分を見ていたような気がします。

2月1日は野球選手にとって正月と言われるんですが、だからこそ、その前の日というのは神聖な気持ちになるんです。僕は毎年、ユニホームや道具を揃えて、この日を大事にしてきました。覚醒剤の事件を起こしてしまった時も、1月31日に「俺はこんな特別な日にグラウンドにもいない。何をやっているんだろう……」と何とも言えない気持ちになって、薬物を買いに行ってしまったんです。

僕がオリックスに行ったのは仰木さんが言ったように、最後のひと花を咲かせるためでした。それには優勝するしかないと思っていました。それが野球人生の最後に僕の中に残っていた願いでした。王さんのホームラン記録もずいぶん前から遠いものになっていましたし、巨人に入った時のように日本一の4番になろうという野望もなかったですから。

キャンプでチームに合流してみて、このチームは野球に対する気持ちがのんびりしているなという感じを受けました。西武や巨人のように、自分自身を追い込んでいくようなピリピリした空気感というのはなかったです。負け慣れしているチームだと思ったんで、何とか僕がチームの起爆剤になれればいいかなと思っていました。優勝争いという意味では、ある程度経験も積んでいましたから。

チームメートの視線も、巨人にＦＡで入った時の突き刺さるような視線とは違って、「テレビの中の人が来た」という感じでみんな受け入れてくれました。そこは関西のチームらしいというか、僕自身は馴染みやすかったし、ほどよい緊張感の中でプレーできました。関西人の中村紀洋もいましたし、キャンプにはサプライズでイチローが来てくれたりもしました。みんな「本当に良かったな」というふうに祝福してくれて、巨人を出る時の辛さを振り返れば、あの時期は束の間ですが、本当に幸せな時間だったかなと思います。

野球人生で一度っきりの感覚。

そういう中で、自分が一番気にしていたのは左膝の故障でした。前の年の8月に手術してから半年間もグラウンドを離れていたので、1年を通して野球ができるのかという不安が大きかったんです。膝は自分が思ったよりは順調でした。開幕してしばらくするまでは……。

オリックスの一員になった２００６年。あのシーズンは何か目に見えない力が働いていたんじゃないかと思うくらい不思議なことが続きました。中でも、はっきり覚えているのは5月27日の横浜戦です。3点リードされて、9回1死満塁で打席がまわってきて、あれは確か3球目だったかなあ。ストッパーの（マーク・）クルーンのストレートを右中間に放りこんだんです。サヨナラホームランだって1年に1度あるかないかなのに、逆転サヨナラ満塁ホームランを打てた。あのダイヤモンドを1周した感覚というのは忘れないです。僕はいつも勝負どころで力が湧いてくるタイプですけど、あんなことは野球人生で一度っきりでした。あれで野村（克也）さんのプロ野球記録（通算サヨナラ本塁打）に並んだんですかね。本当に場面がゆっくりになるというか、すべてがスローモーションに見えました。

あの時、ベースをまわりながら、僕にとっての最後のひと花とはこういうものなんだ、これが自分にとっての野球なんだ、ということを感じました。一度もタイトルは獲ったことがないですが、ああいう場面で打てるかどうかは一番こだわってきたことですし、自分らしさの象徴でした。

あれを打った日は、ずっと仰木さんの顔が頭に浮かんでいました。当時、クルーンは160㎞を出したり、日本球界で一番速い投手でしたから、そのストレートをあの

2006年、横浜のクルーンから逆転サヨナラ満塁本塁打を放ちガッツポーズ

時の僕がなぜ打てたのか、いまだにわからないです。あの頃は、昔は得意だった速い球にだんだん差し込まれるようになっていましたから。

試合後、家に帰って、「このバットを仰木さんのところへ持って行こう」と思いつきました。仰木さんが亡くなった後、僕は会いに行けていませんでしたから……。

仰木さんの見えない力に、あの年は守られていた。

シーズンが終わった後、12月に、電車で仰木さんの故郷北九州まで行きました。駅に着いたら奥さんがハイヤーを手配してくれていたんですが、その車のナンバーを見て驚きました。仰木さんの背番号と同じ「70」だったんです。運転手さんに「これ、わざわざ用意してくれたんですか」と聞いたら、「は？　なんのことですか？」と逆に驚いた顔をされました。偶然、70番のハイヤーが迎えに来てくれたことに、言葉にならないような思いでした。

ご自宅に着いて、焼香して、持っていったバットを遺影の前に供えました。奥さんが仰木さんについて、いろいろなお話を聞かせてくれて、「主人と清原さんが一緒に戦っている姿を見られなかったことが心残りです」と言ってくださったんですが、それを聞きながら涙が止まりませんでした。また野球ができるようにしてくれたことをひたすら感謝するしかありませんでした。

あの年は仰木さんに守られているな、と感じたことが他にもありました。開幕してまもない4月の日本ハム戦で（自身の持つプロ野球記録を更新する196個目の）死球を左手の小指に受けて病院に行きました。診断は打撲だったんですが、医者が言うにはあと少しでもずれていたら骨折だったそうです。見えない力を感じました。

僕は昔からデッドボールを怖いと思ったことはないです。肉体改造を始めてからは筋肉でボールを弾き返すつもりでやっていましたから。避けられる球も何個もありましたけど、避けなかった。デッドボールの次の日に休むとか、その後、条件反射で腰がひけるということも一回もなかったです。むしろ、当てられたら絶対に次の打席は踏み込んでいきました。攻めた結果の死球は何とも思わない。そういう投手に対しては死球を受けた後に「気にしないでほしい」ということを伝えてきました。例えば、ダルビッシュ（有）もその一人です。打席に立っていれば、故意か、故意じゃないかはわかるんです。

＊＊＊

劇的な逆転サヨナラ満塁ホームランも、故人の見えない力が働いたかのような不思議な出来事もたしかに大打者の花道を飾るドラマではあったかもしれない。

ただ、飾れば飾るほど現実とのギャップは残酷に浮き彫りになる。オリックスで放ったホームランは11本。かつて観る者が夢を託した清原和博は、この時すでにいなかった。それを本人も周囲もどこかで認めたくなかったのだろう。だから、この時代の清原は悲しく映る。そして、最終的にその現実を本人に突きつけたのは自分の左膝だった。

＊＊＊

ただ、あの不思議なシーズンも結局、最後まで戦うことはできなかったんです。

9月の日本ハム戦でした。打って、打席から走り出した瞬間に左膝に今まで感じたことがないような痛みが走りました。それまでおとなしくしていた膝が何の前触れもなく爆発したような感じで……。デッドボールの痛みなんて比べ物にならない、絶望的な痛みでした。

告白16　初めて引退を考えた日

白い壁の店で、面と向かって話をしている間、清原氏は何度も左足の位置を変える。顔をしかめながら膝をさする。

「これ、もう、ずっとなんですよ」

現役晩年から続く痛みを清原氏はホームランの代償だと考えていて、バットを置いた今も抱えながら生きている。どんな人にも生きてきた時間の代償は様々な形で表れるだろう。ただ、それがこれほどあからさまになる人はどれほどいるだろうか。筋肉が衰えた今は膝をさする姿がなお痛々しい。

＊＊＊

オリックスでの最初のシーズンが終わりに差し掛かった頃、左膝が突然、爆発しました。連戦が続く中での日本ハム戦でした。打って、一塁へ走り出した瞬間にいきなりガツンという感じで、今までにない痛みが突き抜けました。左膝は巨人時代の2005年に半月板を手術した場所です。その手術の後は、もう以前のようなバッティングができなくなっていたことは確かです。それでも打席に立って、フルスイングすることはできました。多少の違和感はありながらも、たまにホームランを打つこともできました。再発に気をつけてもいましたが、あの日は何の前触れもなく爆発しました。その痛みは巨人時代のとは全く違って、今まで味わったことがないようなものでした。何というか、絶望的な感じがして……、とにかく自分の膝で大変なことが起きたなということだけはわかりました。

僕の軸足は左です。自分のバッティングを支えていたのが左足だと言っても大げさではないくらい、重要なものでした。僕は左足をツーステップしてタイミングを取り、一度右足に乗せた体重を、そこから強く踏み込んだ左足で受け止める。そうすることでバットのヘッドが走って、ボールに力が伝わるんです。左膝にかかる負荷が大きければ、大きいほどボールは遠くに飛んでいきます。ずっとそうやってきましたから、野球人生の中で左膝はかなり消耗もしていたと思います。お医者さんに膝の中を見てもらったこともありましたが、(クッションの役割をする)半月板が擦り切れてボロボロだと言われていました。

痛みの中でうずまく絶望感と恐怖感。

その日は家に帰ってから、ずっと氷で膝を冷やしていました。冷たさでだんだん感覚がなくなってくるんですが、そんなことよりも僕の頭の中は、「手術して、リハビリして、せっかくここまでやってきたのにまたか……」という絶望感でいっぱいでした。「また、あんな苦しいことをするのか……」という気持ちと、「いや、今度のやつは、あの痛みと比較するレベルじゃないぞ……」という恐怖感が頭の中でグルグルしていました。そうやってしばらく時間が経つうちに自分の心の中で初めて実感したことがありました。「もうダメかもしれない……」という気持ちです。この時、初めてはっきりと「引退」ということが頭に浮かびました。

周りからは膝を壊したことについて、体を大きくしすぎたせいだとか、練習不足だとか、不摂生だとか、いろいろなことを言われました。ただ、僕自身が膝の怪我を後悔しているかといえば、そんなことはないんです。試合中、スイングして走り出しの1歩目だったんで防ぎようのない怪我だったと思いますし……。自分はその瞬間、その瞬間でベストを尽くしてきましたから。僕は実際にその膝を使って、あの打ち方で、525本のホームランを打ってきたわけですから。そのための代償のような気がしているんです。何が何でも、細く長くこの膝をもたせたいとは考えていませんでした。ホームランが打てなければ、膝が元気でも意味がないし、特効薬みたいなものがあるわけでもなかったですから。

巨人時代から飲んでいたグリーニー（緑色の錠剤で、興奮剤の一種）も、それが膝の痛みを和らげるということはありませんでした。あれはその薬自体に頼るということではなく、プラスアルファのものです。それがなかったから打てないわけでもないですし。確かに集中力が上がるという効果はあったと思いますが、痛みや重圧がなくなるわけではない。試合に入っていく前のたくさんある準備のひとつみたいなもので、どうしてもなくてはならないものではなかったんです。

誰にも相談せず一人で、引き際について考えていた。

ただ、後から考えてみると膝の故障は、フルスイングした時というより、スイングの形を崩されて、膝の角度が変わったりした時に起こるものなんです。だから、あの時、僕のスイングはそこまで崩れていて、だからこそ膝が爆発してしまったんだと……。もう打者として、限界にきていて、なるべくしてなったのかもしれません。

今思えば、あの年は、僕の周りのいろいろなことに片がついていったような気がします。あのシーズンで最も嬉しかったのは、交流戦のジャイアンツ戦、東京ドームでライトスタンドから誰よりも大きな歓声をもらったことでした。ああいう形で巨人をクビになって、まさか、そんな声援をもらえるなんて思っていませんでした。僕がベンチを出て、打席に入ろうとした時のあの声援は本当に感動しました。いろいろな選手が巨人に入って、巨人を出ていきましたが、あれだけの歓声をもらったのは他に誰もいなかったような気がします。自分がもがき苦しんできたジャイアンツ時代が報われたような瞬間でした。

もうひとつ。あのシーズン終盤、膝を故障した後、桑田（真澄）が巨人を退団するという知らせを聞きました。じつは僕が2005年のオフに巨人を離れる時、桑田とは特に話をしませんでした。なんでですかね……。

僕が西武にいた頃は桑田とはオールスターと日本シリーズで対決するだけで、どこか自分の中で違和感みたいなものがあったんです。それがFAで巨人に移籍して、同じチームになって、桑田がマウンドに立って、僕が一塁を守った瞬間に、なんか妙にしっくりくるというか、懐かしかったのを覚えていますね。PLを出てから、もう10年くらい経っていましたけど、「ああ、これだよな」っていう感覚があったんです。

巨人で一緒に戦っている間、桑田が岐路に立った時や、僕にしかわからない思いつめた表情をしていた時には声をかけたこともありました。それでもやっぱり僕と桑田は同じチームにいても、普段は一緒にいることもなく、あまり話したりもしない。PLの頃からそういう距離感でした。それに、やはりドラフトのことがあって、お互いに触れない部分があったことで高校の時よりも距離感はあったんじゃないかなと思います。だから、僕が巨人を出ていく時も、桑田に何も言わなかったのかもしれません。

ただ、桑田が巨人を出ていくとなれば、僕には思うことがありました。僕なんかはFAで外からやってきた人間ですが、桑田はずっと18番を背負ってきた。そういう生え抜きで貢献してきた選手に対する姿勢として、球団は冷たいなと感じたからです。引退試合をやったわけでもない。あいつは最後、二軍戦で投げていましたから。

僕はずっと、桑田は巨人で引退するものだと思っていました。まさかメジャーに挑戦するなんて……。それだけ桑田といえば巨人というイメージがありましたから。

桑田が巨人を退団した後、久しぶりに神戸で一緒に飲みました。二人で食事なんて僕が巨人に移籍した時以来だったかな……。相変わらずドラフトのことは話しませんでしたが、あの1985年の秋からいろいろなことがあって、お互いジャイアンツのユニホームを脱ぐ時がきて、僕はなんか肩の荷が下りたような気がしました。その感覚だけははっきり覚えています。あとはどんな話をしたのか……。あまり覚えていません。ただ、楽しく飲んだだけだったような気がします。

＊＊＊

2006年9月、清原和博は自分の左膝に現実を突きつけられた。その絶望的な痛み、巨人に対する感情の整理、ジャイアンツのユニホームを脱いだ桑田真澄……。それら自分を取り巻くいろいろなことが明確に「終焉」を告げていた。それまでは拒んでいた現実を受け入れていく中で、スター選手の思考はある一点へと集約されていく。

＊＊＊

「引退」という言葉が初めて頭をよぎったあの日から、時間が経つにつれて、引き際について考えることが多くなりました。野球人生を終える覚悟はありましたが、僕の中ではひとつだけどうしても片がついていない問題がありました。それが「引き際」でした。誰にも相談せず、僕はひとりでそのことばかり考えるようになっていました。

告白17　ユー・アー・オールドマン

「気がつくと自殺のサイトばっかり見ているんですよ。死に方を調べている。1日のうち、1週間のうちで楽しい気分になることがなくて、ずっとモヤモヤしている。それで死にたくなるんですよ……」

いつものように白い壁の店にきた清原氏はどこかぼんやりとした表情で言った。覚醒剤依存症患者の多くは鬱を併発するという。喜びや幸せを感じられない起伏のない日々。それが生きる意味を見失わせるという。

あらためて、なぜ覚醒剤に手を出したのか——。投手との戦いがなくなり、ホームランがなくなり、歓声がなくなり、昂(たかぶ)りが消えていく。そういう恐怖に必死に抗(あらが)った現役晩年を述懐しながら、清原氏の自問は深まってきた。

＊＊＊

　オリックス1年目の終わりに痛めた左膝の状態はどんどん深刻になっていきました。それからも2007年のシーズンに向け、キャンプでバッティング練習などもしていたんですが、周りの人にはわからないようにごまかし、ごまかしやっていました。打つ瞬間、左足をいつものように踏ん張るんですけど、自分の意思に反して体が嫌がって、膝が嫌がって、本能的に力を逃がしてしまうところがありました。だから打球も飛ばない……。

　小さい頃から遠くに飛ばすことが僕にとっての野球でしたから、サクの向こうへ飛ばせなくなるほど怖いことはありませんでした。僕はそれを周りに知られないようにしていました。知られてしまうと、みんなに「清原は終わり」と思われてしまう気がして……。だから、周りから見ている人は僕が軽く打っているのかなと思っていたのかもしれません。ただ、自分の中では、あの日に浮かんだ「引退」というものを、日を追うごとに、自分の打球に意識させられていきました。

だんだん日常生活にも支障が出るようになってきたんで、微かに望みを持っていた2007年シーズンの開幕も諦めて、2月に半月板の内視鏡手術を受けました。医者から言われたのは、膝の骨と骨の間でクッションの役割を果たす軟骨が傷んでなくなってしまっていて、もう再生しないということでした。それ以上は医者もはっきりとは言いにくかったのかもしれません。そこで、できる範囲の手術をしようということになり、内視鏡になりました。

自分にふさわしい引き際を探していた。

それでも痛みは消えませんでした。そのうち普通に歩けなくなりました。階段も右、左と降りていくのではなく、一段一段、右足と左足を揃えてから次の一歩を降りていました。その状態でプロスポーツなんてあり得ないことでした。でも、どうすればいいのかわからない。真っ暗な中で知らない誰かに膝をガンガン叩かれているような感じがしました。だからあの頃、僕は一人の時はもちろん、誰かと一緒にいる時でも「自分は野球をやめる。でもやめるにしても、どういうやめ方がいいんだろう」と、引き際について、いつも考えていました。

なぜかと言われると、自分でもわからないんですが、僕は昔から幕引きにこだわりがありました。野球界でも、いろいろな選手の引退を見てきました。落合（博満）さんや村田（兆治）さんのように自分の限界までやるという人もいますし、原（辰徳）さんのように引退試合であれだけのホームランを打って、まだできると思わせるやめ方もありましたし……。でも、僕が思い描いていたのは、そのどちらでもなかったような気がします。昔からヒーロー映画とかはあんまり興味がなくて、もっと過激な任侠ものなどが好きだったんですが、ああいう世界で描かれる男の幕引きのようなものに憧れていたのかな……。だから怪我をしたまま、戦いの場に立つことなくやめるなんてあり得ませんでした。とにかく、自分にふさわしい引き際を探していたんです。

かかりつけの東京の病院に毎週、神戸から通っていましたが、膝は絶望的な状態のままでした。海外はあまり好きではないんですが、最後の望みをかけて、ロサンゼルスまで行きました。僕のように、いや、僕よりももっと大柄な選手の膝を治してきた専門のドクターなら……と思ったのですが、その人は資料を見て、検査した後、ひと言ですべてを教えてくれました。

「ユー・アー・オールドマン」

あの言葉は今でも忘れられません。つまり、僕の膝は老人のようだったし、僕のような39歳の選手がこの怪我から復帰はできないという意味でした。世界的に知られたドクターでさえ、匙を投げたようにそう言うわけですから、自分としては完全に望みを絶たれた気持ちでした。ヤケになって、酒を飲んで、せっかくアメリカに来たんだから、桑田やみんなが憧れるメジャーリーグってどんなものか見てやろうという気になって、翌日エンゼルス対ロイヤルズ戦を一般のお客として観に行きました。

月曜の夕方、球場に着いて駐車場に車を停めると、そこからスタジアムの入り口までがとんでもなく遠かったんです。敷地が広大ですし、歩くだけで痛む僕の膝にはこたえる距離でした。一歩、一歩、スタジアムを目指して歩く中で「ああ、ファンの人ってこういう気持ちなんだな。観たい選手がいるから、観たいものがあるから、遠くても、しんどくても、それを楽しみにやってくる。じゃあ、そうやって球場に来たファンが、お目当ての選手や、プレーを見られなかったらどんなにがっかりするだろう」と、そういう気持ちになったんです。僕のホームランを観たくて来る人の気持ちを想像できた。そうしたら、少しだけやる気が湧いてきました。それが唯一、アメリカに行って良かったことでした。

帰国してからも望みは見つけられませんでした。もう打席に立つのは無理かもしれないと本当に覚悟しました。選手としての死に方すら選べないのか。そういう悔しさでいつも苛立っていました。そんな時に当時のコンディショニングコーチだった本屋敷（俊介）が「神戸の病院に付き合ってください」と言ってきたんです。僕は怒ったように「東京にも、アメリカにも行った。今さら何があるんや」と言ってしまったんですが、内心は藁にもすがる思いでした。

やっと死に場所を見つけられたような感覚。

実際に、僕が探していた「引き際」というのはその神戸の病院にありました。膝を診察した後、ドクターは僕に「君は本当にまた野球をやりたいんか」と聞いてきたんです。あの頃はすべてに失望していて、信じられなくなっていましたから、僕は、おっさん、何言っとんやという感じでした。ただ、ドクターはまた「本当に野球がやりたいんか」と強い口調で聞いてきて、初めて、この人は本気なんだとわかりました。まだ僕と、この膝に本気で向き合ってくれる人がいるのが嬉しくて、高校生のように「はい！」と返事をしたのを覚えています。

そして、僕が一番、心を惹かれたのが「今までプロスポーツ選手で誰もやったことがない手術」という言葉でした。僕が打席に立つには「骨軟骨移植手術」しかないということでした。損傷のない部分の軟骨を、損傷している部分に移植するというもので、プロスポーツでは前例がありませんでした。歩けない人を歩けるようにするための手術で、普通はそれを聞いたら絶望すると思うんですが、僕はなぜか「これで幕引きができる」とどこかほっとして、やっと死に場所を見つけられたような感覚でした。

もし、誰か先にあの手術をやっていたら、僕はやらなかったかもしれません。前例がないということが覚悟を決めた要因でした。ドクターは何回も何回も「ほんまに野球やりたいんか」と聞いてきましたし、僕が「今の痛みが10だとしたら、手術をすればどれくらいまで減りますか」と聞いたら「5か、6だろう。あとはもう清原くんがどれだけグラウンドに立ちたいかっていう気持ち一つだ」と言われました。それだけ手術後が厳しいということをドクターは伝えたかったんだと思います。

でも、僕の頭の中には、誰もやったことのない手術を乗り越えて打席に立って、ホームランを打つ、そういう自分のラストシーンみたいなものが浮かんでいました。そう考えるとあの時、僕はまだ現実が見えていなくて、ドクターが念を押していた手術後の厳しさも本当にはわかっていなかったんだと思います。

7月6日。ストレッチャーに乗せられ、妻と子供の手を握ったまま手術室に向かいました。入ったら、いろんな人の顔が見えたのでかなり広い部屋だったと思います。今も家に飾ってある仰木監督の写真を持っていました。手術台に横たわり、名前を聞かれ、「清原和博です」と答えました。

その後、目を覚ました時には、病室のベッドの上でした。

告白18　清原和博は二度死ぬ

「死にたくなるんですよ」

覚醒剤依存症と併発する鬱に苦しむ清原氏は最近こんなことを口にする。昂りも、起伏もない日々にたまりかねて定期的に通っている病院の医師に「もう少し元気を出させてもらえないか」と相談したところ、こう言われたという。

「この病気は、ちょっとしたことですぐに戻ってしまうものなんです。ここまで（覚醒剤を）止められていることに誇りを持ってください」

清原氏を苦しめている心の陰鬱さは薬物に負けていない証でもあるという。そこにこの闘いの難しさ、悲しさがあるのだろう。

「気づけば、覚醒剤の打ち方っていうのを検索していることもあるんです。薬物依存症（再発）は3の倍数が危ないと言われるらしくて。3カ月、半年、1年、3年……」

苦悩からの逃避を求める魔は、いまだ自分の中にいる。逮捕されてから2年が過ぎても、闘いは終わらない。

そして現役晩年の述懐を聞いていて思うのは、清原氏から昂りが消えたのは、この頃からではないかということだ。つまり、ホームランが消えてから……。

＊＊＊

手術台に仰向けになって、自分の名前を聞かれ、「清原和博です」と答えました。次に気づいたらもう病室のベッドの上でした。目の前に自分の頭くらいの大きさに膨らんだ左膝がありました。一瞬、それが何なのかわからないくらい衝撃を受けました。膝はまったく動かないように固定されていて、その両サイドからよくわからない金属とチューブが出ていて、管を通った血がタラタラタラタラとぶら下げられたパックの中に流れていました。僕の膝には10カ所の穴が空いていたんですが、そこから出てくる血はどす黒く濁っていました。自分でもある程度の手術は想像していましたが、これを見た時はショックとともに、大変なことになったと、恐くなったのを覚えています。

まず、一歩を踏み出すところからリハビリが始まるのかなと想像していたのですが、それどころかベッドに固定されて、寝たまま可動域を広げることからでした。機械で膝が動く範囲を少しずつ、無理やり広げていくんですけど、これが死ぬほど痛くて、その度に寝たまま唸っていました。デッドボールとは比較にならない、野球では経験したことのない痛みでした。でも、何とか持ちこたえようと思えたのは最後の、自分の引き際にするんだという気持ちが強かったからです。これは、打席で投手と向き合うような勝負なんだと、無理にでも考えたからなんです。

リハビリセンターで受けたショック。

寝たままの状態が数週間くらい続いた後、まずベッドから起きた僕がやったことは松葉杖をつく練習でした。そんな練習、やったこともなかったですけど、何カ月も松葉杖を使う中で、その間に踏み間違えると、せっかく手術したものが台無しになってしまうので必要だったんです。半月板の手術の時は2、3日で歩けるようになりましたから、そういう想像をしている自分もいたんですが、現実はまったく違いました。本当に自分は野球ができるようになるのか、という不安が大きくなっていきました。

そこから神戸医大病院の中にあるセンターでのリハビリが始まりました。何よりも衝撃だったのは、僕はスポーツ選手の中では大手術でしたけど、リハビリセンターには他にもっととんでもない怪我や病気をされている方が大勢いらっしゃったということです。日常生活のために、歩くことを目的にやっている人たち。その中に自分がいることにショックを受けました。

僕のリハビリは、敷かれたバスタオルを足の指で引っ張る練習でした。それを午前中、ずっと繰り返すんです……。ひたすら指をとじて、タオルをつかむ。あれをやっている時は、野球をする自分の姿なんてとても想像できなかったです。

その頃、ちょうど加藤博一さん（西鉄、阪神、大洋などで活躍したプロ野球OB）も癌で入院されていて、メールのやり取りをしながら、いろいろ勇気づけていただいていたんです。これは後から聞いた話なんですけど、加藤さんは延命するんであれば足を切断しなければいけないという医師の勧めを断って、自分なりの美学で逝ったということでした。これを聞いて、自分も加藤さんの生き方を学ばないといけないと、すごく思ったんです。

加藤さんは命をかけて、自分は野球生命をかけてということですから、重さは全然違います。ただ、僕の中ではずっと前から「清原和博は二度死ぬ」と考えていました。甲子園で優勝した時か、プロになってからくらいですかね……。野球をやっている人生と、その後の人生、二つの死を迎える、と。他の人からすれば、大袈裟に聞こえるかもしれませんが、今でも本当にそう思っています。だから、あの時も一度目の人生が終わることを覚悟して手術を決断したわけです。新人の時に誰もやったことのない記録をつくったわけですから。最後だって誰も成し遂げたことのないことをやって終わりたかった。普通に考えれば、絶望的な状況でしたけど、自分で暗示にかかっているというか自分を支えていたのはそういうものだったのかな……。

いろいろなことを支えにリハビリをしていく中で、一番大きかったのは家族の存在だったような気がします。子供がよく手紙をくれたんです。その内容も、「ホームランをうって」と書くんではなくて、そういうのは僕にプレッシャーをかけると思ったんでしょうね……、「つらいとおもうけど、リハビリがんばってね」と僕を励ましてくれる言葉ばかり書かれているんです。

ベッドに寝たままで足を固定されているところにも来ました。まだ甘えたい頃ですから、もっと一緒に遊んでほしかったと思うんですけど、僕の足が痛いんで、子供心に気を使って、わがままを言わないようにしているのも伝わってきました。顔を見ればわかるんです。肩車もいっぱいしてほしかったと思うんですけど、そういうことも言わなかった。リハビリが少し進んで、室内で椅子に座ってバットを振れるようになった頃、それだけですごく子供たちが喜んで……。でも、自分が打ちたいというのでなく、僕のためにボール拾いしてくれたりしていて……。本当は自分が中心になって、わがまま言って「野球して遊ぼう」と言いたかったと思うんですけど、そういうのも我慢していたんだろうなあって……。

自分の野球人生の死に様を飾るホームラン。

今となっては思い出ですが、当時の妻が、僕の父親としての立場をよく話してくれていたと思うんです。単身赴任でしたから、東京の病院みたいに行ったり来たりできないんですけど、定期的に神戸に息子たちを連れてきてくれて、父親の立場をしっかり理解させてくれた。僕はほとんど子育てしていないというか、野球ばっかりの生活でしたから、本当によくやってくれたと思います。

1日1日、ほとんど進んでいないように思えるリハビリの中、僕は24時間、膝のことを考えていました。長男はちょうど物心つく頃だったし、子供たちが大きくなってきたので、もう1回、グラウンドに立っている姿を見せてあげたいという一心でした。はっきりした形でホームランを見せてあげたかった。今、振り返ってみると、僕が引き際にこだわって、あの手術をしたのは、もう1本、ホームランを打ちたかったからだったんだ、とはっきりわかります。自分の野球人生の死に様を飾るホームラン。それと子供たちに、父親がすごいというところを見せるためのホームランです。

＊＊＊

感情の起伏がほとんど表れない清原氏だが、リハビリ中、子供たちと触れ合った場面を話す時は、小刻みに体を震わせ、目に涙を浮かべていた。

そして、この日、白い壁の店で別れた後、清原氏から電話があった。息子との思い出について、言い忘れたことがあるという。

「長男が幼稚園の時に、七夕の短冊に願いごとを書いたことがあったんです。他の友達はみんな自分の願いごとを書いているんですけど、うちの息子だけ『おとうさんのひざがなおりますように』って書いていたんです。後から妻に教えてもらったんですけど、それを聞いた時、もう涙が止まらなかったです。今も心に焼き付いていて……」

一つひとつの言葉を絞り出すのに苦労する状態の中で、清原氏から言い忘れたことを伝えてくるなんていうことは、初めてのことだった。

なぜ、わざわざ、そうしたのか。この人が失ったものの大きさを考えれば、その理由は聞かなくてもわかるような気がした。

告白19　526本目のホームラン

述懐の途中、清原氏が切り出した。

「話が逸れるんですけど……、最近、大相撲の稀勢の里関なんかを見ていると、怪我されて怪我されて、すごく精神的に追い込まれているんだろうな、と感じます」

自分や世の中が描くイメージに体がついていかない。苦しむ横綱の姿に、自身の現役晩年を重ね合わせ、その時期のやるせなさを思い起こしているようだった。

＊＊＊

左膝のリハビリは、手術から数カ月してもほとんど進みませんでした。僕は朝起きて、寝るまで膝のことを考えていました。「明日は、少しは動くようになっているかもしれない」と思って期待して寝るんですが、翌朝起きると何も変わっていない……。

やることは毎日、毎日、下に敷かれたタオルを足の指でつかむことの繰り返し。確かに3カ月スパンで見たりすると、少しは進んでいるんですが、日に日に良くなるものではありませんでした。でも、あの頃の僕は毎日、少しでもいいから自分が前に進んでいる感覚がないと、どうしようもなく、もどかしかったんです。焦りを抱えながら根気強くリハビリをやっていくということが厳しかったです。正直、何度も諦めそうになっては、思い直すという繰り返しでした。

そういう日々の中、あれはリハビリの中盤くらいだったと思うんですけど、僕は神戸の家に帰って、ひとりでナイターを見ていたんです。そうしたら、自分はここで何をやっているんだろうと思えてきて、むしゃくしゃした気持ちにまかせて酒を飲んだんです。どれくらい飲んだんですかね……。かなり飲んで、酔っ払っていたのは確かです。そうしたら、いつになったら走れるようになるんだ！　いつになったらスイングできるようになるんだ！　という気持ちがこみ上げてきて、部屋に置いてあったバットを持ったんです。酔っ払っていながらも、はっきりと覚えています。ただ、軽くバットを持っただけなのに僕の体はバランスを崩して左膝に痛みが走った。その情けなさと絶望感から、バットを手首だけで、ドンッ、ドンッ、ドンッと壁に叩きつけたんです。

僕は高校時代からずっと、バットを一番大切にしてきました。寝る時も一緒に寝て、3年夏の甲子園で、サヨナラ勝ちで優勝した瞬間でもバットを離しませんでした。でも、あの時はそんなことさえ忘れてしまっていました。バットの芯をひたすら壁に叩きつけながら、軽くバットを振ることさえできない自分が情けなくて、腹が立って、どうしても自分を止めることができませんでした。気づいてみたら、壁に何個も穴が空いていました。僕はしばらくその穴を呆然と見ていた気がします。

自分のファンが思い描く清原と現実の清原のギャップ。

何日か後に、家に帰ると、子供たちが描いた絵で、その穴が一つひとつ塞がれていました。当時の妻がそうしてくれていました。なぜ、あんなことをしたんだろうと、今でも思います。ただ、そうするしかない焦りが僕の中にあったことは確かです。長いリハビリを経て、背番号5番をつけて帰ってきた僕を、ファンの皆さんは昔のままのイメージで見るだろうな、と……。それが不安で不安で仕方なかったんです。一番つらかったのは、僕の中にはそれまでホームランを打ってきた感覚がはっきりと残っていたことです。怪我さえなければ、普通にホームランを打てるという実感があるのに左膝が思うように動かない……。その苛立ちがすごかったんです。自分やファンの皆さんが思い描いている清原と、現実にいる清原とのギャップというか……、それが受け入れられず、やり場のない気持ちを爆発させてしまった瞬間なのかなと思います。

そういう中で本当によく力を貸してくれたのが本屋敷（俊介）コンディショニングコーチです。焦る僕をなだめすかしながら、彼は決して後ろ向きなことは言わなかったです。彼との二人三脚でなければ、僕は最後、グラウンドに立てていなかったと思います。途中で引退を発表していたかもしれません。

彼はいつも決まり文句のように「清原さん、大丈夫です、前には進んでいますから」って。あの頃の僕は、おべんちゃらを使われたところで、余計に「何やっ！」

てなってしまったと思いますが、彼は事実を伝えてくれました。「今のこの状態は想定範囲内です」という言い方をしてくれたりして。そんな彼とも今は連絡を取っていませんが……。

絶望的な気持ちの中で最終的に僕は、誰かのために頑張ろうと、あえて思うようにしました。ジャイアンツ時代もそうでしたけど、待ってくれているファンの声援をもう一度、背中に浴びてグラウンドに立ちたいという気持ちがありました。再びホームランを打つのは自分のためではあるんですけど、同時に僕はいつも他の誰かに期待されていないと、気力が湧いてきませんでした。

＊＊＊

最近、清原氏は薬物依存症を治療しているアーティストらの報道を気にして見ている。医師からある話を聞いたからだという。

「芸術家とか、歌手とか、何か自分の中で特別な感覚を味わった人は、そういう経験のない人に比べて、鬱や薬物依存に陥ることが多いらしいんです」

例えば、ロックスターがステージ上で大歓声を浴びた時に感じる絶頂は、清原氏の場合、大観衆の中で放つホームランだろう。ならば、それが消えたことが薬物に手を出すことの引き金になったのか。

「それはあったかもしれません……」

現役晩年、大切にしていたバットで壁に空けた穴や、変わり果てた自分の打撃に絶望しながらも「あと1本」とホームランへ執着する様からは、引退後に陥った闇へとつながるものが見えてくるような気がした。

＊＊＊

ようやくバッティング練習らしいことができるようになったのは、手術から8カ月も経った2008年の3月でした。薄々はわかっていたんですが、実際にボールを打ってみると自分にショックを受けました。スイングで一番力が入る瞬間に左膝が逃げてしまうんです。そのためにボールに力が伝わらない。飛距離が伸びない。自分の中にホームランを打つ感覚というのは残っているのに、今まではその通りに振ればボールは飛んでいったのに、それができない。もどかしくて、躍起になって練習しすぎると膝が腫れてしまうので、注射を打ったり、痛み止めを打ったり、「アルツ」という関節の痛みをやわらげる薬を打ったりして、練習する。それでもまた打球はイメージよりもずっと手前に落ちてくる。それを見るたび自分に失望する。

バッティング練習の時には、膝を守るための「ブレース」という関節装具をつけないといけなかったんですが、僕は「ひょっとしたら、それが邪魔になって左足でタイミングが取りづらいし、ボールも捕まらないんじゃないか」という気がして、装具を外したんです。また膝を痛めてしまったらそこで全てが終わりということはわかっていましたが、ホームランを打てないくらいなら痛めてもいいと思って外しました。それでも打球はフェンスの向こうには飛んでいってくれませんでした……。

飛距離というのは、自分がまだリトルリーグに入る前から、ずっとこだわってきたことですから。岸和田の河原で、石ころを材木で打っていた頃から、どこまで遠くに飛ばせるのかということが僕にとって野球の楽しみでしたから……。僕は野球人生で、あんなに長くホームランから遠ざかったことはありませんでした。あの苦しさはPLや西武でやった猛練習や、巨人時代の重圧などとは全然違う苦しさでした。

やっぱり、僕はあと1本、ホームランが打ちたかったんです。それだけだったんです。もし、手術の後に526本目のホームランを打てたとしたら、その1本はそれまでの525本を超える嬉しさだったと思います。野球人生で積み上げてきた全てを超える価値だったと思います……。あらためて自分にとってホームラン以上のものはないんだな、というのは今でも思います。

理想の自分と現実とのギャップに苦しんでいるうちに、2008年シーズンはどんどん進んでいきました。僕は手術を決断した時から一軍のグラウンドに戻った時が最後だと決めていましたから、時間がありませんでした。どこかで踏ん切りをつけないといけなかった。だから、球団と話して、8月からの一軍復帰を決めました。最後のチャレンジであり、自分の花道です。

そして引退の記者会見を開く前に岸和田へ向かったんです。

告白20　俺、もうやめるわ

２００8年の夏、8月からの一軍復帰が決まった後、僕は岸和田に向かいました。おじいちゃんとおばあちゃんのお墓に行くためでした。小さい頃からいつもおじいちゃんの膝の上で巨人戦を一緒に見ていましたし、おばあちゃんはいつも僕の野球を応援してくれていました。だから巨人時代でも、悩んだら、東京から大阪まで高速を車で飛ばして、お墓参りだけして、とんぼ返りしたこともありました。僕にとって原点のようなものです。

ただ、この時、お墓に行ったのは、両親に「引退」を告げるためでもありました。お父さん、お母さんと一緒にお墓に着いて、階段を上って行くときに、僕はお母さんをおんぶしたんです。面と向かって顔を見ると、とても「やめる」なんて言えそうになかったからです。背負ってみると手術した膝も痛まないくらい軽かったですね……。お母さんはその頃からいろいろな病気と闘っていて、僕のグラウンドに立つ姿が励みになっているんじゃないかなと思っていました。だから僕がやめるなんて言ったら、がっくりきてしまうんじゃないかと、心配だったんです。

腹に響いてくるようなお母さんの声。

おんぶして、しばらく歩いた後、背中に向かって「俺、もうやめるわ」って言いました。そうしたら、お母さんは少し黙ったあと、びっくりするくらい大きな声で「もう、やめぇ！」って……。あの腹に響いてくるような声は今も覚えています。お母さんは僕を甲子園に行かせるために、天理の野球部を見に連れて行ったり、ＰＬ学園に行くと決めた後は地元の久米田池の周りを毎日、ランニングさせたり……。僕が走っているのを、後ろから自転車でついてくるんですが、お母さんがそうやって見てくれていたから、サボるわけにはいかないと思って走ったのを覚えています。僕が甲子園に行くためなら、迷いなく天理教からＰＬ教に改宗するような人でした。ドラフトの時も僕より泣いて、怒って、僕の野球に対して、僕以上に感情をあらわにする人でした。

ただ、特にプロに入ってからは、お父さんとお母さんが球場に観に来たことはほとんどありませんでした。たぶん、小さい頃、お父さんとお母さんが見に来ると、僕が力んで三振ばっかりしていたからです。だから、遠慮していたんじゃないですかね。特にお母さんは、「私が見に行ったら、この子、力んであかんかもな」という気持ちだったのかな……。テレビで見ていることがほとんどだったと思います。そういう気持ちもわかっていたので、余計に顔を見て「やめる」とは言えませんでした。

今、お母さんは認知症で施設に入っています（2019年3月に逝去）。覚えていないことが多いですし、どのくらいまで記憶があるかわからない。僕が事件を起こしたこともわかっていないと思います。でも、体は元気だし、昔のことは覚えているんです。お父さんも数年前、星野仙一さんやいろいろな人が亡くなった膵臓癌になったんですが、治療したら、奇跡的に良くなって、今も元気にしています。

僕は今、どこにも行きたくない、誰にも会いたくないという生活の中で、死にたくなった時なんかに思うのは、両親が元気でいるのに、親不孝なことをしたらあかんなということです。そうやって、思い直したりしています。

＊＊＊

「探している写真があるんです。あれ、どこにいったかな……」

白い壁の店で、清原氏はこう打ち明けた。それは２００８年の引退試合の日、ベンチで両親とともに初めて３人で撮った写真だという。それをどうするのかと聞くと、部屋に飾るのだという。

故郷・大阪を離れ、所属した３球団とも縁がなくなり、家族も失った清原氏にとって、両親は唯一「ホーム」と呼べる存在なのだろうか。現役時代は「いろいろ言われるのが鬱陶しかった」という。ただ、多くを失った今、本当に大切なものだと痛感している。一方で、清原氏の人生には桑田氏との関係のように、どれだけ歳月を経てもいまだに整理できないものもあるのだが。

＊＊＊

8月2日に記者会見をして、翌日から一軍に合流すること、そして、このシーズンを最後にするということを表明しました。とても自分のスイングに満足なんていきませんでしたけど、もう時間がありませんでした。もう1本、ホームランを打つために、残り試合を考えてもこれが限界かな、と。

そういえば、一軍に合流する直前、スカイマークスタジアムで桑田と対戦しました。桑田はその年の3月に引退を表明していたんですが、僕に投げるためにその日までずっと練習してくれていたんです。僕としては、最後に桑田に投げてもらって、背中を押してもらおうという気持ちでした。

これまで、桑田について、いろいろなことを聞かれてきましたし、僕との関係性について、いろいろなことを言われてきました。ただ正直、僕と桑田とではお互いへの気持ちに温度差があるのかな、と思います。言葉が出てきませんし、今はあまり話したくありません……。本当に高校の時からいろいろありましたし、今も桑田に対してはどういう感情があるのか……。ひとつだけ確かなのは、引退間際のあの日に、桑田がいつものようにストレートを投げてきて、僕が打って、二人だけの勝負をして、僕は一軍のグラウンドに戻ったこと。それだけです。

まぐれでもいいから、あと1本、ホームランが打ちたかった。

手術して、リハビリして、やっとバットを振れるようになって、やっと一軍のグラウンドに戻ったんですが、一番の地獄は、そこからでした。みんなが描く「清原和博」のイメージとかけ離れた自分を、公衆の面前に晒さないといけなかったからです。日々、試合前にフリーバッティングをするんですが、僕が思い切り振っても、打球はフェンスまで届かない。投げている打撃投手も、周りで見ている人たちも、何か見てはいけないものを見てしまったように視線をそらす。みんなわかっていたと思います。このスイングではプロの球は打てない。仮に打てたとしても、それはただ単にバットが「当たった」だけで、打ったことにはならない。プロでやっている人間なら誰でもわかることです……。だからホント、きつかったです。それでも僕はグラウンドに立ち続けました。どんな形でも、まぐれでもいいから、あと1本、ホームランが打ちたかったんです。

代打として、毎試合、5回を過ぎたら座薬を入れて、痛み止めを飲んで、ベンチ裏でバットを振って、いつでもいけるように準備していました。状況にもよりますけど、常に毎打席、ホームランを打ちにいっていたと思います。二塁打は打てました。周りの人は喜んでくれましたが、それは自分が完璧に打ったと思った打球がフェンスを越えなかっただけなんです……。それでも、「自分にはもうホームランは打てないかもしれない」と、諦めたことはありませんでした。速い球にバットが当たれば、ボールの力を利用して、ホームランになることもありますから。もしかしたら……、という可能性を信じて、毎日やっていたような気がします。

「あと数試合しかない」という焦り。

あの頃はゲームが終わった後、よく立浪（和義）に電話して、タイミングの取り方や代打としての準備の仕方なんかを聞いていました。立浪はあの時、中日の代打

2008年、高知でのオリックス二軍キャンプで打撃練習

の切り札として活躍していましたし、これまでのように左足をツーステップする自分の打ち方ではなく、立浪のように1本足でタイミングを取ってみたらどうだろうと思ったので。自分がこだわってきた打ち方だって変えてもいいと思っていました。少しでも良くなるために、何かないかと思って、いつも試合が終わった後、1時間以上も電話していました。それまではバッティングについて、年下の選手に聞いたことはありませんでしたし、電話したのも立浪だけです。右打ちと左打ちの違いはありましたけど、PLの時から、バッティングセンスが凄かったですから。

とにかく、残り打席でホームランを打つために何でもしました。苛立ちというより、「あと何試合しかない」という焦りでした。一軍に上がってからの2カ月で記憶に残っている打席って、ないんです。ヒットも打ちましたし、二塁打も打ちましたけど、覚えていないんです。覚えているとすれば、シーズン最終戦、杉内（俊哉）と対戦した4打席ですかね……。結局、僕はホームランを打てないままシーズン最終戦（10月1日）、つまり、引退試合を迎えました。

告白21　生まれ変わったら、もう一度

　2008年、ソフトバンクとのシーズン最終戦が僕の引退試合になりました。当日、自分の最後を見にきてほしいと思って電話をかけた仲間たち、佐々木（主浩）やイチローや金本（知憲）やPLの後輩たちが球場に駆けつけてくれました。

　試合前には、お父さんとお母さんが初めてベンチに来て、3人で写真を撮りました。思えば、そういうこともあの日、一度きりでした。お母さんとはひと言、ふた言しか会話しなかったんですけど、グラウンドに向かう僕に「見てるで」って。ひと言、そう言ってくれたことだけは覚えています。

　不思議な因縁を感じたのは、最後に戦う相手の監督が王（貞治）さんだったことでした。そればっかりは、いくら自分が望んでもどうしようもないことなんで、こ

れも神様がくれた巡り合わせなのかな、と思いました。

当日、球場に行ってから、球団の人に「王さんが花束をくれる」という話を聞きました。セレモニー的にくれるだけかなと思っていたんですが、試合が始まる前、花束を手渡してくれた王さんから思いがけない言葉をもらいました。「生まれ変わったら同じチームでホームラン競争をしよう」と言ってくれたんです。試合前なのに泣いてしまいました。王さんの眼も、言葉の感じも、まったくセレモニー的ではなく、僕という人間に正面から向き合ってくれていたのがわかったからです。大袈裟ではなく、神様が僕と同じところに降りてきてくれた感じがしました。王さんも、あのドラフトのことをずっと思っていてくれたんだ、とその時にわかったからです。

あの1985年のドラフトの日、指名された後にPL学園の校長室のテレビで、桑田を指名した巨人の王監督がドラフト会場で笑っている映像を見ました。僕の中には、それがずっと脳裏に焼き付いていたんです。してやったり、というような本当に嬉しそうな笑顔で……。あの顔がずっと消えなかった。だから、王さんはあのドラフトのことなんて何とも思っていないんだろうと。僕が苦しんだことなんて、あの人には関係ないんだと思っていたんです。それが、まさか、ああいう言葉がいただけるなんて。

王さんが「生まれ変わったら」と言ってくれましたが、そういえば、生まれ変わったらまた野球をやるのか……。そうですね……。やるでしょうね。やりたいですね。野球人生に悔いはないんですけど、後悔はちょっとところどころあったんで……。1年目に30発打って、自分が有頂天になって、1年目にしていた努力を2年目からは、はるかに怠ってしまった。それと巨人時代、肉体改造した時に、もっと知識があったらなあって思ったりもします。今は最新のマシンや理論があって、みんなやっていますから。

プロで偉大な記録を残した人たち、みなさん口を揃えて、(現役を)終わってからバッティングがわかったって言うじゃないですか。そういうことも含めて、僕も終わってからわかったことがあるんで、またやりたいと思うんでしょうね。

ただひとつ言えることは、間違ってもメジャーには行かないです。また、日本の球界で1番になりたいと思ってやるでしょう。僕は言葉の通じない海外が嫌いですし、やっぱり小学校の時から阪神や巨人を見て育ってきたんで……、今の野球界では野球したくないですけど、僕がプロに入ったばかりの頃のような、あの頃の人た

2008年最終戦で王監督から「生まれ変わったらホームラン競争をしよう」と

ちがいるような、昔の野球界でなら、もう一回野球がしたいという気持ちなんですよ。

それに日米野球をやった時に、明らかに力の差は感じました。自分は一塁手だからアメリカでは通用しないということがわかりました。すごい選手ばかりですから。桁外れにパワーが違いましたから。自分の力は自分が一番よくわかりますから……。

＊＊＊

清原氏が野球人生に悔いを残しているのか、いないのか。それは大きなテーマだった。だから『生まれ変わっても、もう一度、自分がいた頃の時代で野球がしたい』という願望は大きな意味があり、同時に悲しさもあった。

多くの選手がメジャーリーグへと出ていく中、清原氏はまた同じ時代の、同じ野球人生を望んでいる。その姿は現代社会とつながれず、自分の価値観や過去の中に取り残されてしまった〝時代の遺物〟のようにも感じられた。

＊＊＊

引退試合のプレーボール前、僕はいつものように痛み止めを飲んで、座薬を入れて、グラウンドに立ちました。これでやめるという感じではありませんでした。手術の翌日からずっと、朝起きてから夜寝るまで膝のことを考えてきましたが、これが最後という日になっても膝のことが気になりましたし、真剣にホームランを打ちたかった。

杉内（俊哉）は全球ストレートで勝負してくれました。しかもえげつない、容赦ないストレートを投げてくれました。打たせてあげようという感じじゃない。介錯人として、全力で向かってきてくれたんです。その感謝から、最後の打席が終わった後に、そのボールを杉内に渡したんです。

最後の最後までホームランにこだわった僕が「もうだめかな」と思った瞬間があるとすれば……、3打席目に二塁打を打った時ですかね。あれは、野球人生で僕がいつもホームランにしてきた球でしたが、それが二塁打にしかならない。チームメートもファンの方々もすごく喜んでくれましたけど、自分の中では「もうあかんかな」と、少し頭によぎりました。

でも、数日経ってから引退試合のビデオを見たら、その次の4打席目、僕は杉内に2ストライクと追い込まれた後、バットを短く持ち直しているんですよ。バットを長く持って1発長打狙いだったのを、ファウルで粘って、最後のあがきをしているんです。それを見ると、ああ、最後まで打ちたかったんだな、と……。引退する打者は、最後は魂が抜けるものですが、最後の最後まで、僕はあと1本、ホームランを打ちたかったんですよね……。

試合が終わり、引退セレモニーとなって、その最後に、子供たちがグラウンドに来て、花束を渡してくれました。正直、野球をやめるとき、家族に引退を伝えるのが一番つらかったんです。夏に一軍に上がる前に、家で子供たちにそのことを告げた時、子供たちは意味がわかってなかったと思うんです。僕は「野球やめるわ」と言ったんですけど、「なんで?」って不思議そうな顔をしていましたから。僕は「足が痛いんだよ」と説明しました。子供たちはそれっきり、何も言わずにいつも通りに遊んでいました。

オリックスの引退セレモニーで５番のユニホームを着た息子２人と抱き合う

ただ、引退セレモニーのあの時は、上の子は理解していたと思うんです。僕に花束を渡す時、泣いていましたから。そして僕に抱きついた瞬間、背中をポンポンと叩いてくれたんです。今でもはっきり覚えています。「よくやった」みたいな感じで、ポンポンって……。涙が止まらなかったですね。ああ、つらかったけど戦ってきてよかったなあって、わかっていてくれたんだなあって思えて……。

今、考えてみると、あの時は上の子が6歳、下の子が3歳ですから、僕がホームランを打っているところなんて覚えていないと思うんです。子供たちに残っているのはリハビリしている姿や、ホームランを打てずに苦しんでいる姿ばかり……。だから、余計に526本目のホームランを見せてあげたかったなって、そう思うんです。

＊＊＊

引退試合の映像を見直してみると、現役最終打席、杉内に2ストライクと追い込まれた清原は確かにバットをわずかに短く持ち直している。周囲に悟られないようにさりげなく……。そこには打者であること、ホームランを打つことへの尋常ならざる執着が見えた。それでも最後は短く持ったバットにさえ当たらない空振り三振で幕を閉じた。

自分は二度死ぬ。真剣にそう考えてきた末、野球選手としての清原和博は悔いなく「死ぬ」ことができたのだろうか。

＊＊＊

セレモニーの最後に、照明がついて、グラウンドが明るくなったら、目の前に花道がありました。友人である花人（かじん）の先生がつくってくれたものなんですが、それがすごく綺麗で印象に残っています。花が両側にあって、まっすぐな道ができている。それを見た瞬間に、ああ終わりなんだなって。なんか力が抜けていきました。

その後、記者会見をして、お世話になった皆さんに挨拶したり、いろいろなことがあったんで、あの日、家に帰ったのはかなり遅かったです。夜遅く、玄関を開けて家に入ると、もう家族は寝ていました。

僕は急に一人になって、なんかぽっかりと心に穴が空いたような感覚がしました。

告白22　覚醒剤と心の穴

現役を引退した後の述懐へと入っていくこの日、白い壁の店のいつもの部屋に腰を下ろした清原氏は身を固くしていた。

「今日は、厳しいところですよね」

声には威圧するような響きがあったが、逆にその目は怯（おび）えたように黒く震えていた。あのドラフトのことを話す時とも少し異なる拒絶反応だった。

＊＊＊

引退した翌日から、僕はバットを握らなくなりました。もう膝のことを朝から晩まで考えてなくてもいい。もう緊張や重圧を感じなくてもいい。自分にとって、第二の人生が始まるんだと、そう考えていました。

実際に、嬉しかったのは家族と過ごす時間が増えたことです。中でも一番、楽しみだったのは週末に子供の野球を見に行くことでした。僕の子供の頃とは違って、東京のチームは週末しか野球をやらないんで、余計に週末が待ち遠しかったです。息子に対して、自分自身の少年時代と重ねて見てみたり。たまにアドバイスをすると僕を信頼してくれて、教えたことを忠実に聞いてくれて、それでどんどん打てるようになったりしていくものですから、才能あるなあという風に、親バカで思ったりしました。

選手の時は野球の道具はすべてメーカーさんからもらっていましたけど、息子と一緒にスポーツ用品店に行って、息子のためにバットやグローブを買うということだけで、すごく嬉しかったです。息子があれにしようかな、これにしようかなと選んでいるのを見ているのが、たまらなく良かったです。そういう時間というのはそれまでの自分にはなかったものでした。

ただ、幸せな時間を過ごしながらも、どこかで自分の中にはもどかしさがあって……。

例えば、息子と一緒にバッティングセンターに行くと「打ってみてよ」って言われて、打席に立つんですけど、もう120㎞を打つのが精一杯でした。しかも息子の期待に応えられるような打球を打てなかったんで、そのうちに子供に「もういいよ。代わっていいよ」って言われるんです。子供にしてみれば、笑いながら冗談半分に言っているんですけど、僕は内心、すごいショックで……。

少年野球チームの子供たちの前でフルスイングを見せてあげたい。息子の前で格好いいところを見せてあげたい。子供にとってみたら、言葉よりも何よりも目の前で本当のスイングを見ることが一番いいと思うんで。でも、自分にはそれすらできない。自分の衰えと、現役をやめてからも痛む膝が恨めしかったです。

引退後、これからどうするんだという戸惑い。

考えてみると、野球をやめた瞬間からどこかぽっかりと心に穴が空いたような気がして、それはいまだに埋まっていないんです。他の選手からは引退した後、自分の時間ができるようになったとか、趣味に没頭する時間ができたとか、そういう声を聞きますが、僕の場合、現役時代から趣味というものもなかったので、急に野球がなくなって、これからどうするんだ、どこに向かうんだという戸惑いが大きかったんです。

ゴルフは好きでしたけど、それもやっぱり膝が痛むし、趣味と言えるほど好きではありませんでした。ギャンブルも昔からやりませんでした。そういうところで勝負運を使いたくないと考えていて、たまに競馬の馬券を買うときは、決まって自分の打撃の調子が悪いときでした。背番号「5」にちなんで、5の1点買いとか。それで当たれば、ああこれはホームラン打てるなと思ったりして、すべて野球につなげていましたから。ギャンブルを楽しむという意味では全くやりませんでした。ラスベガスに行ってもやらなかったくらいです。野球でも、私生活でも緊張を強いられる状態だったんで、それ以外の緊張感を楽しめない、ということだったのかもしれません。

引退した後、僕の仕事は解説者でした。解説をする上で、僕が決めていたのは、ぽっとその日に球場にきて、技術的なことをどうのこうの批判や批評をするのはやめようということでした。現役時代、それで自分が嫌な思いをしていたんで。

それと球場に行って感じたのは、ユニホームを着て、バットを振れる選手というのはやはりいいな、ということでした。今から思えば、ずっと選手目線のままでいたということかもしれませんが……。

「番長」のイメージを演じる難しさ。

他にはテレビの仕事もやりましたが、あれは野球とは違う緊張感でした。まず、何を求められているのか、その番組を制作する人の要求にどう応えればいいのかを考えるのに、気苦労がありました。自分でも驚いたのは、現役を引退してからも周りの人は僕のことをいわゆる「番長」のイメージというか、そういうキャラクターで見ていたということです。乱闘で怒るシーンや、喜怒哀楽を激しく出すというのは野球の試合中の清原和博であって、やめれば一人の人間としての清原和博に戻れると思っていたら、そうではなかった。いわゆるコワモテのキャラクターを求められているなっていうのは感じていて、テレビでそれを演じるんですけども、それがちょっと難しかったです。それでますます野球をやっていた頃との線引きが難しくなっていくというか……。野球をやっていた頃の自分を演じているんですが、実際には野球をやっているような満足感というのはなかったです。

一番の違いはやはりテレビは撮り直しが出来るっていうことですかね……。それに台本みたいなものを渡されて、向こうから要求されることがあって、台本に書いてあるようにしていかないといけない。僕は野球をやっていた時、ベンチからサインが出たことなんてほとんどありませんでしたから。

ただ、大晦日のテレビ番組で、往年のレジェンドの人たちと対決したり、桑田と対決したりという企画があったんですけど、そういう時は自然な自分に戻れたというか、絶対に打ちたいというつもりで本気でトレーニングもしましたし、現役時代と同じようにバットも振り込みましたし、桑田との対決の時は左手の小指を骨折していたんですが、小指を使わなくても振れるバットを特注でつくったり、いろいろ工夫しました。そういう仕事というのは、スーツを着て解説したり、スタジオで喋るよりはるかに落ち着きましたし、満たされる感じがありました。ただ、そういう仕事がいつもあるわけではないですから……。

とにかく自分が楽しいと感じられることを探すのに苦労して、野球に対する空白感というのがずっとありました。それで結局、野球ほど夢中になれるようなものはなかった。まあ、実際に他のことはやってみてすらいないんですけど……。趣味もない僕はそうしているうちに次第に夜、飲みに出る機会が多くなっていきました。

引退した後は「指導者になる」と切り替えられる人もいると思うんですけど、僕の場合、監督やコーチをやるということに最初から興味があったわけではないんです。自分は一体どの方向に向かっているんだろうという不安や焦りから、じゃあ、監督になって日本一になることを目標にしようと。何か目標を見つけないとやっていられないから、それを目標にしたという感じで……、常に指導者になることを考えていたわけではないんです。

ただ、そもそも、僕にはどこの球団からも声がかかりませんでした。西武、巨人、オリックスと3つの球団でプレーしましたが、OBとして球団イベントに呼ばれることもなかったと思いますし、現場にいたいという自分の思いとは逆に、野球界との関わりはどんどん薄くなっていきました。

自分でも正直わかっていました。球団からすれば、僕が扱いづらいということは。現役時代、球団の人事をやっている人たちとの接点というのはなかったですし、そういうことに無頓着だったんで。

こう言うと何ですが、プロ野球界も指導者になると、必ずしも実力主義だけではないところがあって、裏で何かが蠢いているんだろうなっていうのは感じていました。負けた監督が、そのチームを辞めて、すぐ次の年に別の球団でコーチをしていることだってあります。自分はそういう価値観が信じられなかったし、監督になるのは大卒の人が多いので、大学の派閥とか、ラインで決まっているのかなと思っていました。早稲田ラインとか、慶応ラインとか……、球団の人事に関わっている人たちの好みもあるのかなと感じていました。そうかといって、僕はそういう政治的なことをするというのは全く考えなかったです。そこまではする気がないというか、したくなかった。政治の中に入っていく気は自分にはなかったんで、あくまで待つ身でした。

西武では堤（義明）さんがいなくなっていましたし、オリックスには仰木（彬）さんもいなかった。巨人はほとんどが生え抜きのコーチなんで、戻るというのは一番イメージできなかったですし……。僕には声をかけてくれる球団もなく、そういう人もいませんでした。何か目標を見つけたい、野球とつながっていたいと思っても、願っていることとは逆に、実際にやっているのは野球と関係ないことばかりでした……。

野球をやめたことによって、家族との時間が増えたのは僕にとって幸せなことでした。ただ、いくら家族といる時間が幸せでも、自分の心の中は満たされてなかったんです。僕は昔から自分は二回死ぬと思っていたんで、野球をやめた時に一回死んで、その後、もう一回、新しい人生がくると。ただ、いざ野球人生が終わってみると、なかなか、そのあとの人生を始めることができませんでした。バットを持って野球をやっている清原和博がまだ自分の中にいるというか……。

世の中の善悪と僕が思っている善悪。

それで……、自分自身で新しいスタートにしたい、何かきっかけが欲しいという意味で、刺青を入れたんです。自分を変えるためでした。野球界でユニホームを着るために刺青を入れたらダメというのは、彫る時には考えもしなかったです。自分に能力があれば、そういうものは関係ないと思っていましたから。

巨人のキャンプに白いスーツで行ったことが話題になったこともありましたが、あの時も野球界の慣例みたいなものがあることをわからなかったんです。沖縄だし、そういう白っぽい服装で行っても大丈夫なのかなって思っただけでした。これは昔から思うんですが、世の中の人が思っている善悪と、僕が思っている善悪というのは違っていることがよくあります。

実際、刺青を入れてから自分の生き方が変わったかというと、うーん……、これはわからないです。ただ、刺青は、ひとつ生きる意味として、やっておこうと思ってやったことなので。いまだに、生き方ということには苦しんでいます。もうずーっとそうですね、もうずーっとです……。

結局、ホームランより自分を満たしてくれるものはない。でもそれを、もう味わうことはできなかったし、それに代わる目標もなかった。それで、どんどん生活が荒れていきました。幸せな家族がありながら、僕は誰にも応援されない、ホームラン打者でもない自分が嫌で嫌で仕方なくて、お酒に逃げていきました。夜な夜な飲みに出て、酒の量はどんどん増えていきました。そういう時期が長く続きました。

夜の酒場に出ていくと、いろいろな人がいました。次第に、いわゆる闇の世界の人間ともそういう場所で遭うようになりました。そこで覚醒剤にも遭遇してしまったんです。

＊＊＊

最近、清原氏はあるお寺に行くという。もしかしたら出家の道に救いがあるのでは、という気持ちも持っているのだろうか。そこで住職に胸の内を話すのだという。「自分の悩みを聞いてもらって、それで住職に言われるのは『焦らないでください。ゆっくりでいいんです』っていうことなんですけど……」

その言葉は、薬物依存症治療のドクターが「今、薬物を止められていることを誇りに思ってください」と言うのに似ている。

つまり、今、その手にあるものに目を向けなさい、と言われている。

それでも清原氏の飢餓感はなくならない。それは名声も家族もあったあの頃もそうだし、今もそうだ。

＊＊＊

引退してからずっと、これからどうやって生きていけばいいんだろうっていうのが心の中にあって、それでも自分の望んでいるのとは違う仕事が慌しく入るんで、それをこなすのが精一杯で、いつも自分はどこに向かえばいいんだろうっていう気持ちを抱えていました。そういう心の闇に、悪魔が忍び込んできたんですけど……。

最初に覚醒剤を使った時、本当にそれはもう軽い気持ちでした。心境としては、自分が何者なのかわからなくて、そういう嫌いな自分から逃げたくて、酒を飲んで、その挙句にやったような気がします。酒が入っていたので、その勢いで使った感じでした。それでも、覚醒剤というのは、1回手を出しただけで支配されてしまうんです……。

しかも、覚醒剤をやることで、僕がずっと感じていた、心にぽっかりと空いた穴が埋まったかと言えば、そうではなくて、もうそれは単なる現実逃避でした。薬の効果で一時的には嫌な自分を忘れることができただけでした。

僕は、そこから闇の世界に入っていきました。

ひとつだけ言っておきたいのは、僕は決して野球と同じものを、ホームランと同じものを覚醒剤に求めたわけではないということです。野球とは全く別物で……、ただ、その……、目の前にいる嫌な自分から、一瞬、逃げるためだけのものでした。

告白23　今もまだ暗闇の中にいる

引退した後のことを振り返っていると、僕はいまだにホームランに代わるものを見つけられていないんだろうな、という気がします。

ホームランがなぜ、自分を満たしてくれるかというと、打つまでにものすごい準備があるんです。現役時代、いつも試合前には、50本のバットを用意して、それを1本、1本、握って感触を確かめて、このバットにしようと決めていました。使っていた革手袋は韓国製で、これも1つ1つムラがあるんで、それぞれ手にしてみて選り分けて、最後にこの手袋で行こうと決めて、打席に立っていました。

そうやって、満員のファンが打ってくれと願う歓声を浴びながら、相手の投手が人生をかけて、全力で投げてくるのを打つわけですから。だから、最高なんです。

最高のホームランはどれですかとよく聞かれましたけど、僕にとっては1本、1本、全部違うホームランなんです。もちろん、野球への喪失感から、最終的に覚醒剤に走ってしまったということは、どこかにあります。それは自分の弱さなんですけど……、でも、ホームランと覚醒剤はまったく違うんです。

嫌な自分から薬によって逃げる日々。

一度、薬をやってからは、嫌な自分から薬によって逃げるという日々の連続でした。ただ、そこまでどっぷり浸かっていたわけではなかったので、薬を使っていない時は普通の状態だったと思いますし、決して家族にそういうことで影響を与えてはいないと自分では思っていました。思い悩むのは一人になった時だけで、家族の前では父親として、普通にしていたと思います。まわりが言うような、僕が家族に危害を加えたとか、そういうことは決してなかったと自分では思っています……。

ただ、それから生活はさらにどんどん荒れて、ずさんになっていって、家族との距離ができるようになったのは事実です。その後、週刊誌に薬物疑惑という報道が出て、ある日、帰ったら、家がもぬけの殻だったんです。僕にとっては突然の事で、しばらく誰もいない部屋で呆然としていました。離婚について話しあったことも記憶にはなかったですし、なんでこんなことになったんだ、と……。あの時、自分の中で何かが決定的に狂ったような気がします。

そこからは、子供を探しに学校に行ったり、子供のいた少年野球チームが使っていたグラウンドにも行ったり、何度も、何度も、そういうことをしたんですが、会うことはできませんでした。

それまでは薬をやっても、どんなに酒を飲んでも、家に戻ったら家族がいたわけです。それで少しでも闇の世界から引き戻される感じがあったんですけど、家族がいなくなってからは、ひとりぼっちの家に帰るっていうことがすごく怖くなって、僕は家に帰りたくなくなりました。それで、またどんどん闇の世界に入っていきました。

振り返ってみると、家族を失ったことで僕は転げ落ちていったんだなと思います。勝手な言い方かもしれませんが、僕は家族を失いたくなかったし、家族はどう思っていたのか。向こうもそうであってほしいと今でも思っていますけど……。子供たちの気持ちも聞いたことはないんで……、想像するしかないんです。今思えば、悔やんでばっかりですけどね……。彼らに何も与えられていないんじゃないかって……。長男は中学1年から野球も行かなくなりましたし、そういうところで……、なんて言ったらいいのかなあ……、どう思っているのか。本当にそれは彼らに聞いてみないとわからないですね……。

今も思い出すのは、引退試合の時の涙というか……。花束を渡してくれた時、泣きながら抱きついてきて、ああやって、背中をトントンって叩いてくれたことです。息子たちに今、思うことは、納得いくまで野球を、好きなことを続けてほしいなということです。上の子は野球をやめましたけど、もう中学生ですから、自分のやりたいことをやるべきです。その時に野球を選んでくれなかったのは残念ですけど、僕が無理やり押し付けてやらせることではないので。でも、下の子が野球を続けてくれているのは、自分としては嬉しいんです……。

＊＊＊

残暑のある日をよく覚えている。あの日、清原氏は白い壁の店にやってくるなり、珍しく嬉しそうにこう言った。

「すごい中学生を見つけましたよ。見てみてください。絶対にすごい打者になります。ひょっとしたら僕を超えるかも……」

それは東京ドームで行われた中学生の全国大会決勝で、ライトへホームランを打った選手のことだ。体格も、飛距離も、技術も同時期の自分と比べて上だという。

そして、話の途中で気づいたのだが、その大会には確か、清原氏の次男も出場していた……。おそらく、清原氏はどこかで、何らかの形でそれを見ていたのではないだろうか。あんなにも嬉しそうだったのは、単にすごい中学生を見つけたというだけではなかったのではないか。そんな気がした。

＊＊＊

家族と離れてから、僕はどんどん塞ぎ込んでいきました。引退後はあまり野球界の人とも頻繁には付き合ってはいなかったんですけど、佐々木（主浩）とか、昔から知っている友達にも会いにくくなって、自分から離れていったようなところがあります。みんな薬物疑惑があってから、「どうなんだ？」って心配してくれましたし、そういう人たちに迷惑をかけたくないのと、そういう人たちに嘘をつくのがつらかったのと、こんな自分を見せるのが嫌で、僕の方から離れていったというのがありますね……。

よく薬物をやった後に周りのみんなが離れていったという言われ方をするんですが、それは逆で、むしろ僕がそういう人たちの顔を見られなくなって、会いたくなくなって離れていった……。そういう部分があるんです。

そんな状態の中で、薬物のことも、家族のことも、相談できた友人がいました。「アキラ」と呼んでいた親友です。彼は去年（２０１７年）、亡くなりました。いなくなってから改めて存在の大きさを痛感しています。

アキラは僕が家族と離れて、ひとりぼっちになった時、夜、家に帰りたくない自分のためにご飯に付き合ってくれたり、たまに家に来てご飯を作ってくれたり、痛みや苦しみを共有してくれました。アキラも家族と離れて、子供に会えないという境遇だったんで、お互いに気持ちがわかったんだと思うんです。薬物が止められないという悩みも彼には相談していました。アキラはいつも「頑張りましょう」って励ましてくれて、僕が逮捕されて、留置場にいる時にも毎日、面会に来てくれましたし、僕が勇気を出せるような本をたくさん差し入れしてくれました。王（貞治）さんの本も、江夏（豊）さんの本も、それと自己啓発みたいな本も、持ってきてくれたのはそういう本ばかりでしたね……。年下で、弟みたいな存在でしたけど、お互いに似ているところがあったのかなと思います。

ただ、今思えば、僕はいつもアキラに甘えていたような気がします。自分のことばかり頼って、あいつの悩みを聞いてあげたことがあったかな、と……。もっと彼の悩みを聞いてあげていれば、アキラは死なずに……、あんなことにはならなかったんじゃないかな、という後悔はあります。

アキラは野球をやっている人間ではありませんでした。むしろ、僕は野球界にいた人には、そんなに何でも相談できなかった気がします。それは今も同じで、球界の人とはほとんど連絡を取っていません。だから、今でもアキラがいてくれたらなと思うことがあります……。

結局、無いものねだりなんですけど、PL学園でも、プロ野球でも、いつも自分の周りに人がたくさんいた頃は、僕は一人になるのが好きでした。球場のロッカーでもあんまり人がいないタイミングや場所を見計らって、一人で本を読んだりしていました。でも、引退した後、家族と離れたら、一人になるのが寂しくて、寂しくて……。

孤独になって、塞ぎ込んで、ますます薬から離れられなくなっていく。これはあとからドクターに聞いたんですが、僕が使っていた覚醒剤の量は、普通の人なら致死量に相当するくらいのものだったそうです。ただ、その時は寂しくて、自分から逃げたくて、現実から逃げたくて……。

これから先どうやって生きていったらいいのか。

その一方で、このままじゃダメだ、もう止めよう、もう止めなきゃと思う自分がいる。でも結局、止められない。日々、薬に逃げて、落ち込んでという繰り返しでした。だから、もう薬を止めるには死ぬしかないと考えて、居合の名人で刀を扱っている方に、短刀が欲しいと電話したのを覚えています。自決するためでした。そういうことが何度かあって、でも結局、死ぬこともできなかったんです……。

僕が逮捕され、保釈された後に、アキラが死にました。葬式の時にアキラのお母さんの様子を見ました。ショックでした。自分の場合、お父さん、お母さんもまだ生きているし、そういうことをしてはいけないんだなというのを痛感しました。

今も、周りにいてくれる人に「死にたい」と言うことはあるんですけど、これ以上、両親や、息子たちに重い十字架を背負わせてしまっていいのかって……。それで何とか踏みとどまってきました。社会には、僕と反対に両親もいなくて一人ぼっちで亡くなっていく方もいると思うんですけど、自分には親がいる。離れていますけど、子供もいるんで……。

2年前（2016年）の2月に逮捕されてから、今のところ薬物とは離れることができていますけど、正直、引退した後から続いている不安というのは消えていません。これから先どうやって生きていったらいいのか。まだ生きていく力が湧いてきていないっていうのは本音です。体力は落ちたし、重い鬱病にもかかっているし、薬物治療の病院に行くたびに先生に言われるんですけど、「今、薬をやっていない自分をもっと褒めてあげてください。それだけで今は十分ですから」って。ただ、そう言われても、これから自分がどういう風になっていくのか、全く想像できないというのは変わっていなくて。野球をやめてから、そういう靄のかかったような状態がずっと続いていて、すごく苦しいです。

今でも、最低2週間に1回は薬物の検査を受けています。あとは鬱病との戦いです。薬物に依存した人は鬱病にかかりやすいらしいです。これはドクターに聞いたことで、自分では本当にそうなのかはわからないんですけど、自分は他の人と違うことを経験してきて、すごく躁の状態というか、上がる気持ちも、達成感も経験しましたし、逆に極端に落ちる状態も味わいましたから、余計に薬物へ依存したり、鬱に陥ったりしやすいらしいです。そう言われてみると、そういう部分はあるのかなと思います。

落ち込んだ自分と戦っていくしかない。

これまでは薬に逃げていましたけど、今はその逃げ道もなく、ずっと落ち込んだ自分と戦っていくしかないんで、容易なものではないな、と実感しています。

ただ、僕には今、そういう戦いを支えてくれている女性がいます。薬物依存症患者が悩みを打ち明け合う「家族会」というのがあるんですけど、彼女はそういうものにも出席してくれています。心理カウンセラーやトレーナーになる勉強もしてくれていて、「トレーナーの資格を取って僕を鍛える」と言ってくれています。やっぱり、その人の存在は大きいです。

なかなか客観的に自分を見ることはできないんで、支えてくれる人がいるから大丈夫だとか、そうは言い切れないんですけど……、今一番大事なのはもう絶対薬物に手を出さないこと、健康な体を取り戻すことだというのは、わかっているんです。ここを勝ち抜いていかないと、僕の二度目の人生はスタートしないし、新しい清原って生まれていかないと思うんで……。

今も忘れられない日付。

この1年間、自分としては2週間に一度、自分の人生を振り返って、この取材をやり続けるのが、今の自分にできる最大のことでした……。できるだけ、自分の今の状態っていうのをそのまま、その日、その日、しゃべれることを精一杯しゃべってきたつもりなんですけど、本当に苦しくて……。ドラフトの厳しい話とかを思い出して、帰り道でパニック発作を起こしたこともありました。

いつもこの店に来る日が近づいてくると、今日は厳しい取材になるだろうなと思ったり、予定を変えてもらおうかなって思ったり、この店に向かう直前までそう思ったりしましたけど……。でも、中には僕の話を読んでくださっている方がいるということも聞いたので、そういう人がいることを励みに何とかここまで頑張れたんですけど。

人生を振り返ってきた中で、なぜ、自分がこうなったのかと考えてきましたが、こうかもしれない、いや、こうかもしれないと思うことの繰り返しで……、結局、今も真っ暗闇の中にいるような心境です。

ただ、不思議だったのは、甲子園の決勝戦や、プロデビューや、プロ初ホームランや、引退などいろいろなことの日付をほとんど忘れてしまっていた中で、ひとつだけ、はっきりと覚えていた日がありました。それが１９８５年11月20日でした。あのドラフトの日だけは忘れていなかったんです……。

これまでの自分と向き合うことで、どこかでまたスイッチが入ったら、本当に自分でやりたいこととか、やるべきことを見つけられるのかなっていう、そういう期待もしながら自分自身を振り返ってきました。まだ目の前に見えるのは暗闇ばかりですけど、そのきっかけはこれからも探し続けるんだろうなと思います。

今はいくら考えても、ああでもない、こうでもないと、頭がぐちゃぐちゃになるだけなんで……、そういう時はひとつのことだけ考えるようにしています。

これは、おばあちゃんの遺言なんですけど、降った雨は止むし、陽はまた昇る。そう思って、毎日、毎日、過ごしているんです。

ただ、相変わらず薬物の欲求っていうのは突然、襲ってきますし……、そういうのにも勝たないといけない。ああ、やっぱり苦しいですね……。

終わりにかえて——清原和博への「告白」

約束の木曜日がやってくるたび、私は憂鬱でした。

渋谷駅で地下鉄を降りて、ハチ公口への階段を上ります。見知らぬ人の波に何度も肩をぶつけながら、また改札を通って、山手線のホームへと上がっていきます。

そこで、むき出しになった鉄骨と工事中のクレーン車がたてる騒音の中、「内回り」の電車を待つのです。

この一年、いつも決まった曜日の同じ時刻にあの〝白い壁の店〟へと向かう足取りは重いものでした。

清原さんは約束の日が近づくと、「前の晩から、ああ、しんどいな。延期してもらおうかなと思っていた」と言っていましたが、じつは私も同じだったんです。

なぜ、私までそういう気持ちになったのか。道すがら考えてみても、幾つかのぼんやりとした原因しか思い浮かびませんでした。

例えば、あの店の個室で人生を振り返るとき、清原さんはいつもアイスコーヒーを飲んでいました。最初に2杯。あっという間にそれを飲み干して、また2杯……。あの張りつめた、何か別の生き物が体内にいるかのような苦しそうな表情のまま、異常な速さで褐色の液体を流し込む様を見るのが辛かったんです。ポツ、ポツと話しながら、グラスやストローに添える手が震えているのを見るのが耐え難かったんです。

どんな言葉よりも雄弁に、逃れがたい闇を見せられているようで、その中でもがいている人間のどうしようもなく露わな部分を見せられているようで、気が滅入ったんです。

最初の「告白」が終わった翌日、清原さんは電話をかけてきました。

「昨日、ちゃんとしゃべれていましたか？　抗鬱剤のせいか、頭がボーッとして……、ところどころ自分がどうしゃべったか……、覚えていないんです」

私は「大丈夫でした」と答えましたが、あなたの電話を聞いて思ったのは『本人が、本人たる自覚がないのであれば、私の目の前でアイスコーヒーを流し込んでいたのはいったい誰なんだろう?』ということでした。

そう思うと、木曜日がやってくるのがより一層、憂鬱になったんです。


この一年、私が考えていたことはたったひとつでした。

「記録者」であることです。

感情を殺して、目の前にいるあなたの言葉をただ記す。

私は「清原氏の感情が表出しない」とたびたび書きましたが、それはあえてそうしている私もまた同じで、証言者と記録者の無機質な関係を願わくば、ずっと続けたいと思っていました。

昔から清原さんのことをよく知っている球界関係者、報道関係者の方からいくつも連絡をいただきました。

「キヨはどうだ?　大丈夫か?」

そういう人たちの中には、現役時代から本当に家族のように付き合っていて、薬物について清原さんと口論になった人もいました。それがきっかけで断絶しても、なお、あなたへの情が消えないということでした。

私はそうした慕情のようなものに触れるたびに、よりいっそう「記録者」でいようと強く自分に言い聞かせていました。清原和博という人間がはからずも吸い寄せ、引きずってきた多くの情が、逆に球界のスターをダメにしたような気がしたからです。

自分で気づいていたかどうかはわかりませんが、清原さんには数カ月に一度くらい、体調の良さそうな日がありました。そういう時には、私や多くの人のイメージにある「清原和博」に戻って、つまり、多情の人になって、証言者と記録者の一線などあっさりと飛び越えてきました。

「いつも、ありがとうございます。今度、ご飯でも行きませんか」

ただ、そんな時でも、私は具体的な返答はできませんでした。

「ええ……、ありがとうございます。ご都合があえば……」

それは、近づきすぎて客観性を失うのが嫌だったからですし、この「告白」のためにその距離感が最善だと考えていたからです。

ただ、よくよく突きつめてみると、私があなたに立ち入らず、感情を排し、記録者たらんとしたのは、じつは、あの、木曜日がくるたびに襲ってくる得体のしれない憂鬱から自分を守るためだったのかもしれません。

初夏に始まった「告白」は、真夏を経て、秋を過ぎても淡々と進んでいきました。季節を問わず、清原さんの前には相変わらずアイスコーヒーが並び、また、あっという間に消えてなくなりました。

あれは何回目の取材だったか。述懐の途中で、トイレに立った清原さんが何気なくこう言ったのを覚えているでしょうか。

「僕ね、いつも帰りの車の中で、おしっこちびりそうになるんですよ。アイスコーヒー飲みすぎて」

「……」

「でも、そうしないと、昔の記憶がなかなか思い出せないから……」

「えっ……？」

私はその瞬間、何か重大なことを聞いた気がしました。

「アイスコーヒーが、ものすごく好きなのではないんですか……。てっきり、体が欲しているのか、と……」

「いや、そうでもないですよ。そんなにコーヒーは飲まないですし。でも、やっぱり頭がまわらないし、言葉が出てこないんで……。コーヒーを飲むと頭がまわるって言うじゃないですか。そういえば、帰りに車を途中で降りて、トイレに駆け込んだこともありました」

あなたはそう言って、表情を失ったはずの顔に、笑みなのかどうかわからないような笑みを浮かべていました。

その後、中断していた述懐はいつも通りに続きましたが、じつは私の頭の中は、その何気ない会話のことでいっぱいだったんです。

渋谷駅のホームで山手線を待つ時間が憂鬱でなくなったのは、それからだったような気がします。ハチ公口への階段を上がる足取りが軽くなったのは、やはり、あの会話の後からだったような気がします。

最後の日、清原さんはなかなか席を立とうとせず、白い壁の店の、いつもの部屋で、胸の内をしゃべり続けていました。普段ならとっくに終わっている時刻を過ぎてもあなたは話し続け、私はそれを聞きながら、人の内面の変化に啞然とさせられていました。

つまり、あれほど憂鬱だった木曜日が、いつの間にかお互いにとって、終わりたくない時間になっていたのかもしれないと思ったのです。

何という矛盾でしょうか。

この一年、私の眼前にあったのは圧倒的な矛盾でした。

なぜ、あなたは東京や巨人を、憧れながら憎むのでしょうか。

なぜ、岸和田を、愛しながら忌避するのでしょうか。

なぜ、桑田真澄という人を、尊敬しながら、妬み、拒絶し、怖れるのでしょうか。

なぜ、それほど巨大な才能を手にしながら、社会を生きるための術が呆れるほどに少なく、拙いのでしょうか。

刺青のこと、覚醒剤のこと。言えずにいることがまだまだあるのもわかりました。それなのに、なぜ好きでもないアイスコーヒーをあんなに飲んでまで話そうとしたのでしょうか。

そして家族のこと、野球のこと。なぜ、大切なものほど激しく愛し、傷つけることしかできないのでしょうか。

なぜ、それほどまでの強さと弱さを自分の中に放ったらかしにしておくのでしょうか。

あらゆる矛盾をおそらく意識することもなく晒しながら、あなたは今も「死にたい」と口にしながら生きている。絶望を口にしながら希望を探している。

私が見たあなたは正直で、嘘つきでした。悲しいくらいに真っすぐで、恐ろしいくらいに屈折していました。

つまり、愛すべきであり、それゆえに救い難い。

『なぜ、英雄は堕ちたのか。人生の中に答えを探す』

「告白」が始まる前、こんなテーマを掲げました。ひょっとしたら、これがかつてのスターを救うきっかけになるかもしれない。そんな期待も少しはしていたと思います。ただ、そんな優等生じみた大前提は、あなたの生々しい現実と、おびただしい矛盾の前に消し飛んでしまいました。

たどり着いた先に、答えも光もありませんでした。

それでも、最後にあなたがこう言ったことで、私は少し救われたような気がしました。

「もし、まだ僕の言葉を聞いてくれる人がいるなら……。今の僕のありのままの気持ちを残すことで、スポーツで挫折した人、覚醒剤をやってしまった人、何かを失いそうな人、これから生きる人たちのためになるのでしたら……」

そして、私は今さらながら、自分の足取りを重くしていたものに気づくのです。

謙虚と傲慢、純粋と狡猾、率直と欺瞞……。

清原さんが全身から発していたものは、少なからず私自身の心にも巣食っているものでした。あなたを破壊したものは、私の中にもありました。

あなたの、あまりに巨大なそれの前に気づきませんでしたが、記録者としてあなたの「告白」に向き合うということは、私にとっても自分自身の中にある、人としての矛盾や闇を突きつけられるということでした。だから、あれほど木曜日が憂鬱だったのだと、わかりました。

あなたは、あらゆる人間がかかえる業の塊であり、その有り様を世に残すための

1年だったと今は言い聞かせています。

これは極端な人間らしさの記録です。

どうしようもなさ、ままならなさの記録です。

何しろ、人というのは、あんなに気重だった駅のホームが、ある日の何気ない言葉を境に、一瞬で、美しく名残惜しい景色に見えてしまうような生き物なのですから。

2018年　初夏　鈴木忠平

本書は「Sports Graphic Number」931号から
954・955・956合併号に掲載された約1年間にわたる連載
「清原和博　告白」に加筆、修正して再構成しました。

【取材・構成】
鈴木忠平（すずき・ただひら）
1977年、千葉県生まれ。日刊スポーツ新聞社に入社後、
落合博満監督時代の中日ドラゴンズ、
和田豊監督時代の阪神タイガースを中心に
プロ野球記者を16年間経験した。
2016年に独立し、Number編集部に所属。
著書に、清原和博の甲子園13本塁打を打たれた
者たちの証言とその後の人生を追った
『清原和博への告白　甲子園13本塁打の真実』がある。

【装丁】
番 洋樹

【カバー・口絵写真】
杉山拓也／北川外志廣

【本文中写真】
岡沢克郎（P37、43、47、61、65）
朝日新聞社（P55、77、99）／文藝春秋（P73、117）
共同通信社（P137、165）
杉山ヒデキ（P147、209、215、219）／杉山拓也（P247）

【DTP制作】
エヴリ・シンク

単行本　二〇一八年七月　文藝春秋刊

文春文庫

清原和博 告白（きよはらかずひろ こくはく）

定価はカバーに表示してあります

2020年7月10日 第1刷

著 者 清原和博（きよはらかずひろ）
発行者 花田朋子
発行所 株式会社 文藝春秋

東京都千代田区紀尾井町 3-23 〒102-8008
TEL 03・3265・1211㈹
文藝春秋ホームページ http://www.bunshun.co.jp

落丁、乱丁本は、お手数ですが小社製作部宛お送り下さい。送料小社負担でお取替致します。

印刷製本・凸版印刷

Printed in Japan
ISBN978-4-16-791534-6

（　）内は解説者。品切の節はご容赦下さい。

石田雄太
イチロー、聖地へ
メジャーリーグへの旅立ちから大記録・262安打の達成まで、イチローはいったい何を考え、何と戦っていたのか。著者は「インタビュー」という名の真剣勝負を挑んだ。
い-57-1

生島　淳
箱根駅伝
ナイン・ストーリーズ
どうして「箱根」は、泣けてしまうんだろう……。二〇一五年に初優勝した青山学院大学から駒澤、東洋、明治、山梨学院、早稲田まで。日本最大のスポーツイベント箱根駅伝の真実と、奇跡のストーリー。
い-98-1

植村直己
エベレストを越えて
一九八四年二月、マッキンリーに消えた不世出の冒険家が、一九七〇年の日本人初登頂をはじめ、五回にわたる挑戦を通じて人類を魅きつけてやまないエベレストの魅力のすべてを語る。
う-1-5

植村直己
青春を山に賭けて
エベレスト、モン・ブラン、キリマンジャロ、アコンカグアなど五大陸最高峰の世界初登頂の記録と、アマゾン六千キロに挑むイカダ下り。世紀の冒険野郎の痛快な地球放浪記。（西木正明）
う-1-6

植村直己
極北に駆ける
南極大陸横断をめざす植村直己。極地訓練のために過ごした地球最北端に住むイヌイットとの一年間の生活、彼らとの友情、そして大氷原三〇〇〇キロ単独犬ぞり走破の記録！（大島育雄）
う-1-7

宇都宮直子
浅田真央　age18－20
バンクーバー五輪に向けて突き進む18歳から、銀メダルに輝いた19歳、ジャンプ矯正に苦しみつつ新たな一歩を踏み出した20歳まで、挑戦を続ける浅田真央の素顔を描いた決定版。
う-24-2

金子達仁
28年目のハーフタイム
一九九六年七月二十一日、奇跡は起こった——。メキシコ大会以来、二十八年ぶりの五輪出場を果たした日本サッカーチームの活躍と苦悩を辿る、渾身のドキュメンタリー。（馳　星周）
か-22-1

（　）内は解説者。品切の節はご容赦下さい。

川﨑宗則
逆境を笑え
野球小僧の壁に立ち向かう方法

アメリカで最も愛される日本人ベースボールプレイヤー、川﨑宗則。米球界に挑戦しつづける不屈の男は、失敗を恐れず、「苦しい時こそ前に出る」。超ポジティブな野球小僧の人生論。

か-70-1

木村元彦
オシムの言葉　増補改訂版

人の心を動かした箴言の数々——。サッカー界のみならず、各界の日本人に多大な影響を与えた名将・イビツァ・オシムの半生を、綿密な取材でたどる。新原稿を書き下ろした増補改訂版。

き-38-1

沢木耕太郎
敗れざる者たち

クレイになれなかった男・カシアス内藤、栄光の背番号3によって消えた三塁手、自殺したマラソンの星・円谷幸吉など、勝負の世界に青春を賭けた者たちのロマンを描く。（松本健一）

さ-2-2

田部井淳子
それでもわたしは山に登る

世界初の女性エベレスト登頂から40年。がんで余命宣告を受け治療を続けながらも常に前を向き、しびれる足で大好きな山に登りつづけた——惜しまれつつ急逝した登山家渾身の手記。

た-97-1

永田　玄
ゴルフに深く悩んだあなたが最後に読むスウィングの5ヵ条　完全版

「立つ」「捻る」「遠心力」「管理」「連動」というわずか5つの言葉で、ゴルフのスウィングを解析したレッスン書。フィジカルとメンタルを同時にコントロールすることを目指す。

な-72-1

野口美惠
羽生結弦　王者のメソッド

日本男子フィギュア初の五輪金メダル、世界記録更新——「僕はレジェンドになりたい」という少年が〝絶対王者〟に至るまでの軌跡、更なる高みに挑む姿を、本人の肉声とともに描く。

の-22-1

（　）内は解説者。品切の節はご容赦下さい。

東山彰良・中田永一・柴崎友香・王城夕紀・佐藤友哉・遠藤 徹・前野健太・古川日出男・岩松 了・小林エリカ・恒川光太郎・服部文祥・町田 康・桜井鈴茂

走る？

人生は走ることに似て、走ることは人生に似ている——。芥川・直木賞作家から青春エンタメ小説の名手まで、十四人の多彩な作家が〝走る〟をテーマに競作した異色のアンソロジー。

ひ-27-51

藤沢 周

武曲（むこく）

ヒップホップ命の高校生・羽田融は剣道部に入部。コーチの矢田部研吾は融の姿に「殺人刀」の遣い手として懼れられた父・将造と同じ天性の剣士を見た。新感覚の剣豪小説。（中村文則）

ふ-19-3

誉田（ほんだ）哲也

武士道シックスティーン

日舞から剣道に転向した柔の早苗と、剣道一筋、剛の香織。勝ち負けとは？　真の強さとは？　青春時代を剣道にかける女子をみずみずしく描く痛快・青春エンターテインメント。（金原瑞人）

ほ-15-1

松井秀喜

エキストラ・イニングス

僕の野球論

人生で出会った素晴らしき「野球人」たち——。師・長嶋茂雄、同世代の天才、イチロー、好敵手と認める高橋由伸……。日米で大活躍した「ゴジラ」がすべてを明かす究極の野球論。

ま-37-1

三浦知良

Dear KAZU

僕を育てた55通の手紙

カズはいかにして、キングとなったのか。ペレ、ジーコ、バッジョ、香川真司……世界中から届いた55通の手紙が物語るサッカー界のレジェンドの人生。長谷部誠からの手紙を特別収録。

み-49-1

村上春樹

シドニー！

①コアラ純情篇
②ワラビー熱血篇

走る作家の極私的オリンピック体験記。二〇〇〇年九月、興奮と熱狂のダウンアンダー（南半球）で、アスリートたちとともに過ごした二十三日間——そのあれこれがぎっしり詰まった二冊。

む-5-5

（　）内は解説者。品切の節はご容赦下さい。

村上春樹
走ることについて語るときに僕の語ること
八二年に専業作家になったとき、心を決めて路上を走り始めた。走ることは彼の生き方・小説をどのように変えてきたか？　村上春樹が自身について真正面から綴った必読のメモワール。
む-5-10

柳澤　健
完本　1976年のアントニオ猪木
アリ戦、ルスカ戦、ソンナン戦、ペールワン戦、1976年に猪木が戦った伝説の4試合を徹底検証した傑作ノンフィクション。文庫化に際し猪木氏のインタビューを収録。（海老沢泰久）
や-43-1

矢野大輔
通訳日記
ザックジャパン1397日の記録
この道は、2018年ロシアに続いていく。グループリーグ敗退に終わったブラジルW杯のザックジャパン。しかし、チームは熱い意志に包まれていた。監督通訳による克明な日記。
や-65-1

鷲田　康
10・8
巨人vs.中日　史上最高の決戦
長嶋茂雄は語る。「野球のすべての面白さを凝縮した試合だった」。日本中が沸いた1994年10月8日、シーズン最終戦。勝った方が優勝という大一番の舞台裏を鮮烈に描く。（渡部　建）
わ-20-1

スポーツ・グラフィック ナンバー　編
日本人メジャーリーガーの軌跡
野茂英雄のメジャーデビューから二〇一五年で二十年。イチロー、松井秀喜、松坂大輔、上原浩治、ダルビッシュ有。ナンバー誌だけが聞いた、サムライたちの貴重な肉声がここにある！
編-2-54

スポーツ・グラフィック ナンバー　編
桜の軌跡
ラグビー日本代表 苦闘と栄光の25年史
ラグビーW杯2015、日本対南アフリカ。史上最大の番狂わせはいかにしてなされたのか。この快挙に至るまでの日本代表四半世紀の苦闘を、ナンバー掲載の珠玉の記事で振り返る。
編-2-55

（　）内は解説者。品切の節はご容赦下さい。

Ｊｉｍｍｙ
明石家さんま　原作
一九八〇年代の大阪。幼い頃から失敗ばかりの大西秀明は、高校卒業後なんば花月の舞台進行見習いに。人気絶頂の明石家さんまに出会い、孤独や劣等感を抱きながら芸人として成長していく。
あ-75-1

ペルソナ　三島由紀夫伝
猪瀬直樹
『仮面の告白』に語られた〝祖父の疑獄事件〟とは何か。エリート官僚一家の血筋と作品との間の秘められた関係を軸に、天才作家の知られざる素顔を暴く傑作評伝。（鹿島　茂）
い-17-9

無私の日本人
磯田道史
貧しい宿場町の商人・穀田屋十三郎、日本一の儒者でありながら栄達を望まない中根東里、絶世の美女で歌人の大田垣蓮月――無名でも清らかに生きた三人の日本人を描く。（藤原正彦）
い-87-3

美味礼讃
海老沢泰久
彼以前は西洋料理だった。彼がほんもののフランス料理をもたらした。その男、辻静雄の半生を描く伝記小説――世界的な料理研究家辻静雄は平成五年惜しまれて逝った。（向井　敏）
え-4-4

棟梁　技を伝え、人を育てる
小川三夫・塩野米松　聞き書き
法隆寺最後の宮大工の後を継ぎ、共同生活と徒弟制度で多くの弟子を育て上げてきた鵤（いかるが）工舎の小川三夫棟梁。後世に語り伝える技と心。数々の金言と共に、全てを語り尽くした一冊。
お-55-1

不揃いの木を組む
小川三夫・塩野米松　聞き書き
「よけいな知恵を捨ててまっさらな心に」「言葉でストレートに教えないわけ」「人も組織も生もの。腐らせないためには常に不揃いがいい」等、人を育てる極意を言葉にした一冊。
お-55-2

須賀敦子の旅路　ミラノ・ヴェネツィア・ローマ、そして東京
大竹昭子
旅するように生きた須賀敦子の足跡を生前親交の深かった著者がたどり、その作品の核心に迫る。そして、初めて解き明かされる作家・須賀敦子を育んだ「空白の20年」。（福岡伸一）
お-74-1

大杉　漣
現場者（げんばもん）
300の顔をもつ男
若き日に全てをかけた劇団・転形劇場の解散から、ピンク映画で初めて知った映像の世界、北野武監督との出会いまで――。現場で生ききった唯一無二の俳優の軌跡がここに。（大杉弘美）
お-75-1

鹿島　茂
渋沢栄一　上　算盤（そろばん）篇
生涯で五百を数える事業に関わり、日本の資本主義の礎を築き、ドラッカーも絶賛した近代日本最高の経済人。彼の土台となったのは、論語と算盤、そしてパリ仕込みの経済思想だった！
か-15-8

鹿島　茂
渋沢栄一　下　論語篇
明治から昭和の間、日本の近代産業の発展に深く関わりながら、九十まで生きた後半生を、福祉や社会貢献、対外親善に捧げた渋沢栄一。現代日本人に資本主義のあり方を問い直す一冊。
か-15-9

ムッシュかまやつ
ムッシュ！
青春時代、浴びるほどアメリカ音楽を聴いて育ち、ザ・スパイダースで成功したのちも常に音楽シーンの中心にいた彼が、愉快な思い出、マニアックな音楽談義を語る芸能クロニクル。
か-44-1

唐澤平吉
花森安治の編集室
「暮しの手帖」ですごした日々
徹底した商品テスト・丹念な取材・言葉の操り方・編集部のお当番――元「暮しの手帖」編集部員が綴る花森安治と雑誌作りの思い出。伝説の編集者は頑固で自由な職人だった。
か-69-1

かこさとし
未来のだるまちゃんへ
『だるまちゃんとてんぐちゃん』などの絵本を世に送り出してきた著者。戦後のセツルメント活動で子供達と出会った事が、絵本創作の原点だった。全ての親子への応援歌！（中川李枝子）
か-72-1

佐野眞一
旅する巨人
宮本常一と渋沢敬三
柳田国男以降、最大の業績を上げたといわれる民俗学者・宮本常一の生涯を、パトロンとして支えた財界人・渋沢敬三との対比を通して描いた傑作評伝。第二十八回大宅賞受賞作。（稲泉　連）
さ-11-8

（　）内は解説者。品切の節はご容赦下さい。

佐藤愛子
佐藤家の人びと
——「血脈」と私

小説家・佐藤紅緑を父に、詩人サトウハチローを兄にもち、その家族の波瀾の日々を描いた小説『血脈』。一族の情熱と葛藤を、執筆当時を振り返りつつ、資料や写真と共にたどる一冊。

さ-18-14

笹山敬輔
昭和芸人 七人の最期

エノケン、ロッパ、トニー谷……昭和を笑いで彩った天才たちは、ただ消え去ることを許されなかった。ダウンタウンを愛する気鋭の研究者が伝説の芸人の宿命と悲哀を描く傑作列伝。

さ-67-1

佐々木健一
辞書になった男
ケンボー先生と山田先生

一冊の辞書を共に作っていた二人の男、見坊豪紀と山田忠雄はやがて決別、二冊の国民的辞書が生まれた。「三国」と「新明解」に秘められた衝撃の真相。日本エッセイスト・クラブ賞受賞。

さ-69-1

城山三郎
「粗にして野だが卑ではない」
石田禮助の生涯

三井物産に三十五年間在職、華々しい業績をあげた後、七十八歳で財界人から初めて国鉄総裁になった〝ヤング・ソルジャー〟の堂々たる人生を描く大ベストセラー長篇。　（佐高　信）

し-2-17

城山三郎
もう、きみには頼まない
石坂泰三の世界

第一生命、東芝社長を歴任、高度成長期に長年、経団連会長を務め、大阪万国博覧会では協会会長を務めるなど、〝日本の陰の総理〟〝財界総理〟と謳われた石坂泰三の生涯を描く長篇。

し-2-23

関　容子
勘三郎伝説

誰もが魅了されたあの声、あの笑顔。人を愛し芝居を愛した中村勘三郎は、寝る間を惜しんで五十数年間、多くのことを吸収し人の何倍も生きた。勘三郎の魅力あふれる一冊。　（出久根達郎）

せ-2-5

田辺聖子
古今盛衰抄

古き代に生まれ、恋し、苦しみ、戦い、死んでいった14人の歴史のスターたち。そんな愛すべき人びとは、歴史の中で何を思い、いかに生き、死んでいったのか。古典&歴史文学散歩。（大和和紀）

た-3-55

辻井　喬
茜色の空
哲人政治家・大平正芳の生涯

近年再評価の機運が高まる大平正芳元総理。深い哲学を持ちながら権力闘争の波に翻弄され、壮絶な最期をとげた哲人政治家の生涯を、愛惜とともに描いた傑作長篇小説。　（川村　湊）

つ-20-1

出町　譲
清貧と復興　土光敏夫100の言葉

国家再建に命を懸けた男「メザシの土光さん」の至言が現代に甦る。「自分の火種は、自分で火をつけよ」「個人は質素に、社会は豊かに」「社員は三倍、重役は一〇倍働け」。　（末延吉正）

て-10-1

永井路子
岩倉具視
言葉の皮を剝きながら

岩倉は孝明天皇毒殺の首謀者か。卓越した分析力と好奇心で歴史的事件に再検討を重ね、歴史の〝虚〟を剝き、新たな岩倉像を立ち上げた渾身の作。毎日芸術賞受賞。　（湯川　豊）

な-2-48

夏目鏡子　述・松岡　譲　筆録
漱石の思い出

見合いから二十年間を漱石と共に生きた鏡子夫人でなければ語り得ない、人間漱石の数々のエピソードを松岡譲が筆録。漱石研究に欠かせない古典的価値を持つ貴重な文献。　（半藤末利子）

な-28-1

新田次郎・藤原正彦
孤愁〈サウダーデ〉

新田次郎の絶筆を息子・藤原正彦が書き継いだポルトガルの外交官モラエスの評伝。新田の精緻な自然描写に、藤原が描く男女の機微。モラエスが見た明治の日本人の誇りと美とは。　（縄田一男）

に-1-44

蜷川実花
蜷川実花になるまで

好きな言葉は「信号無視」！　自由に生きるためには何が必要なのか。様々な分野を横断的に活躍する稀代のカリスマ写真家が語る、人生と仕事について。初の自叙伝的エッセイ。

に-24-1

羽生善治
羽生善治　闘う頭脳

ビジネスに役立つ発想のヒントが満載！　棋士生活30年を越え、常にトップを走り続ける天才の卓越した思考力、持続力、発想力はどこから湧き出るのか。自身の言葉で明らかにする。

は-50-1